Jonas Goebel

Jesus, die Milch ist alle

Meine schräge WG und ich

HERDER

FREIBURG · BASEL · WIEN

Wir danken den folgenden Rechteinhabern für die freundliche Erteilung
der Abdruckgenehmigung:

S. 68f., 73f.:
Der Körperteil Blues
Musik & Text: Achim Oppermann, Florian Bauer, Gaby Case
© Tao House Edition / Schmuf Hamburg Edition / Edition Alocin
Song No: 2167791

S. 106f.:
Frei Wie der Wind
Musik & Text: Andreas Fahnert, Axel Stosberg, Hans Timm Hinrichsen,
Hartmut Krech, Mark Nissen
© Sony/ATV Music Publishing (Germany) GmbH / Elephanten Edition /
Edition Airforce1.TV Music / EMI Music Publishing Germany GmbH
Song No: 1359839

© Verlag Herder GmbH, Freiburg im Breisgau 2021
Alle Rechte vorbehalten
www.herder.de

Umschlaggestaltung: Designbüro Gestaltungssaal
Umschlagmotiv: © Designbüro Gestaltungssaal
Satz: Daniel Förster, Belgern
Herstellung: GGP Media GmbH, Pößneck
Printed in Germany

ISBN Print 978-3-451-38957-3
ISBN E-Book 978-3-451-82234-6

Der Einzug

»Jesus, die Milch ist schon wieder alle!«, höre ich meine Freundin lauthals aus der Küche rufen. Ächzend richte ich mich in meinem Bett auf. Ein Blick auf mein Handy. Es ist 7:49 Uhr am Morgen. Und Jesus hat anscheinend schon wieder die letzte Milch ausgetrunken. Jetzt muss meine Freundin ihren Kaffee schwarz trinken. Was ihr so semi gefällt.

Ich höre, wie eine Zimmertür unsanft geöffnet wird, und ahne, was kommt. Eine tiefe Stimme dröhnt erbarmungslos über den Flur, durch die Schlafzimmertür und direkt in mein noch halb träumendes Hörorgan: »Was soll der scheiß Lärm um diese Uhrzeit? Habt ihr noch alle Bibeln im Regal?« Ja, meine Freundin mag ihren Kaffee nicht schwarz und Martin Luther mag keinen Lärm am Morgen. Gut, ich mag weder Kaffee noch Lärm am Morgen, aber mich fragt ja keiner. Der Einzige, den das alles überhaupt nicht stört? Jesus.

Willkommen in meiner Welt. Die sich zugegebenermaßen seit einigen Monaten ziemlich überraschend entwickelt hat. Ich meine: Hättest du damit gerechnet, dass eines Tages Martin Luther und Jesus Christus persönlich bei dir und deiner Freundin einziehen? Bei allem Glauben: So viel gebetet habe ich wirklich nicht! Na ja, vielleicht war das ja auch das Problem.

Auf jeden Fall sind die beiden jetzt da. Und wir bei uns im Pastorat eine kleine WG. Also ja, ich bin Pastor in einer evangelisch-lutherischen Gemeinde in Hamburg. Und das, wo ich zu wohnen habe, nennt sich Pastorat. Und ja: Eigentlich wollte ich was Anständiges lernen. Aber wie das dann manchmal so ist, zack: »Plötzlich Pastor«. Oder zack: Hast du 'nen Heiland im Wohnzimmer rumlümmeln und einen schwergewichtigen Reformator in der Küche, der dir die Vorräte wegfrisst.

Ich höre, wie Martin missmutig die Tür zuknallt, und schaue auf mein Handy: 7:51 Uhr. Vielleicht schlafe ich ja noch mal ein – nein, das mit dem Schlaf wird wohl nichts mehr. Mein Handy vibriert. WhatsApp meiner Mutter. Wie es so mit Jesus läuft. Lustig, denke ich mir. Noch vor ein paar Wochen wäre das eine äußerst unwahrscheinliche Frage gewesen. »Super!«, antworte ich per Sprachnachricht und ziehe die Decke wieder über meinen Kopf.

Mein Handy vibriert erneut. Ein Bestattungsunternehmen. Na klasse, und jetzt auch noch 'ne Beerdigung gleich am Morgen reinkriegen. Während ich überlege, ob ich rangehen oder lieber später zurückrufen sollte, fängt es in der Küche penetrant zu piepen an. Da steht der Kühlschrank wohl mal wieder zu lange offen. Eine Zimmertür wird aufgerissen. Martin brüllt, ob nicht jemand dieses dämliche Gepiepse abschalten könne. Trixi, also meine Freundin, brüllt zurück, dass er ja Milch holen gehen könne. Und Jesus? Schläft.

Ich kenne echt niemanden mit so einem festen Schlaf. Und ich kenne ziemlich gute Schläfer. Wirklich. Ich meine, manche Freunde von mir haben im Prinzip ihr ganzes Leben bislang verschlafen. Gut, das kann man von Jesus nun nicht behaupten. Trotzdem erstaunlich, was Jesus für einen tiefen Schlaf hat.

Am Anfang habe ich mich manchmal gefragt, ob er vielleicht im Himmel einfach nie zur Ruhe kommt. Aber als ich ihn darauf angesprochen habe, meinte Jesus nur, dass das zu den größten Annehmlichkeiten der Ewigkeit gehören würde: tiefer und fester Schlaf. Durchaus paradox, dass mein Schlaf dagegen deutlich schlechter geworden ist, seitdem Martin und Jesus bei uns eingezogen sind.

Ich quäle mich aus dem Bett und schlurfe über den Flur ins Bad. Rasieren, Zähne putzen, duschen, abtrocknen, anziehen, Deo, Parfüm, ein schneller Kuss für Trixi, die zur Arbeit muss, Wachs in die Haare, Feuchtigkeitscreme auf die Haut und zack ist es auch schon 9 Uhr.

In der Küche sitzt Martin allein am Tisch. Vor ihm liegen eine Bibel, sein Tablet, etliche handgeschriebene Notizen und ein – Moment ich rieche kurz dran – ja, ein gut gefülltes Glas mit Whiskey.

»Moin, Martin!«, sage ich und erhalte ein Kopfnicken als Antwort. »Bist ja schon wieder früh dran mit dem ersten Whiskey«, versuche ich es mit dezenter Kritik. Martin antwortet trocken, dass das noch sein letzter von gestern und entsprechend nicht dem Alkoholkonsum des heutigen Tages zuzurechnen sei.

Da kommt ein sichtlich ausgeschlafener Jesus durch die geschlossene Küchentür. Ich erschrecke mich immer noch jedes Mal, wenn er das macht. »Jesus, wie oft denn noch: Du sollst anklopfen, bevor du durch geschlossene Türen gehst!«, meckere ich ihn entsprechend an. »Einen wunderschönen guten Morgen allerseits«, trällert der mir entgegen. Martin passt sich der guten Stimmung an und haut uns ein »Schnauze ihr beiden, ich arbeite« entgegen. Ein Wonneproppen, dieser Martin.

Jesus und ich machen uns – wie jeden Morgen – ein Nutella-Brot und setzen uns zu unserem missmutigen Reformator. »Sagt mal, ihr zwei«, ich versuche die Gunst des Morgens zu nutzen, »wieso seid ihr eigentlich ausgerechnet bei uns gelandet?« Martin reagiert nicht und Jesus sagt: »Wir haben gegoogelt und deine Gemeinde war da einfach ganz oben.« Hm, denke ich mir. Ob das jetzt so glaubwürdig ist? Aber das mit der Glaubwürdigkeit ist eh so eine Sache. Ich meine: Wer glaubt dir schon diese Geschichte? Meine Kollegen halten es weiterhin für einen äußerst gelungenen, wenn auch durchaus gewagten Werbegag. Meine Bischöfin hat mir Supervision empfohlen. Meine Gemeinde hat mir eine Liste mit ortsansässigen Therapeuten zusammengestellt.

Aber das Kuriose ist: Trixi und ich haben echt keinen Moment an der »Echtheit« von Jesus gezweifelt. Als würde er einfach alle grundsätzlichen Zweifel durch seine bloße Anwesenheit ausräumen. Was nicht heißt, dass wir nicht mehr als genug Fragen an Jesus haben. Gut, und Martins Glaubwürdigkeit? Solange Jesus für dessen Echtheit bürgt, gibt es für uns da auch wenig Grund für Zweifel.

»So, ich werde dann mal Milch besorgen«, reißt mich Jesus aus meinen morgendlichen Gedanken. »Braucht ihr noch was?«. Martin und ich schütteln den Kopf und Jesus macht sich auf seinem Drahtesel auf zum Aldi. Mit dem ollen Ding ist er hier übrigens eines spätsommerlichen Sonntags angekommen. Trixi und ich sind schön am Netflix gucken und wundern uns noch, was das für ein Lärm ist. Ja, fährt da so ein unscheinbarer Typ auf 'nem ollen Fahrrad auf den Kirchhof. Wir luschern aus dem Fenster, er sieht uns natürlich und kommt schnurstracks auf die

Tür zu. Klingelt, wir machen auf und was sind die ersten Worte von Jesus? »Früher war irgendwie mehr Palmwedel.«

»Ja, bitte?«, habe ich dann etwas irritiert gefragt und nur ein »Hi, ich bin Jesus. Ich wohn jetzt hier« zurückerhalten. »Äh«, hat Trixi argumentativ überzeugend noch eingewendet, da ist der gute Jesus schon an uns vorbei ins Pastorat rein. »Gästezimmer ist hinten rechts? Ah, ich seh' schon. Diese Pastorate aus den 1970ern haben aber auch ihren ganz eigenen Charme, was? Oh, und ein schön großer Fernseher. HDR hat er? Hat er! Perfekt. Ach so, bevor ich es vergesse: Gleich kommt Martin hinterher. Der ist noch kurz zum Dönermann. Stört es euch, wenn ich erst mal 'ne Runde baden gehe? Die Anreise war länger als geplant und ich – ach ich quatsch euch mal nicht so voll, wir haben ja noch genug Zeit zum Reden. Bin dann im Bad, falls ihr mich sucht.«

Ja, und seitdem ist Jesus halt da. Und kurz darauf kam auch Martin mit schöner Knobi-Fahne und noch ein wenig Soße im Bart.

Offiziell ist Martin auf die Erde zurückgekommen, weil er, jetzt, nach 500 Jahren, eine neue und vernünftige Übersetzung der Bibel anfertigen möchte. Laut eigener Aussage ist eine solche Rückkehr zwar eigentlich nicht vorgesehen, aber Gott wären wohl irgendwann in der Diskussion mit Martin die Argumente ausgegangen. Sagt Martin. Jesus Variante ist da einen Tick anders. Zitat: »Gott hatte einfach irgendwann genug von Martins ewigen Veränderungsvorschlägen und hat sich gedacht, dass es für alle das Beste wäre, wenn die Menschen auf der Erde mal wieder in den Genuss seiner Reformationswut kämen.«

Das heißt aber eben auch: Martin ist immerhin freiwillig hier, was man von Jesus nur so bedingt sagen kann. Er behauptet zwar, dass er schon sehr gerne mal wieder hier sei, aber im Prinzip hätte er nur einmal im falschen Moment »Dein Wille geschehe« zu Gott gesagt und schwups hatte er die Aufgabe am Hals, auf die Erde zurückzukehren und ein neues Evangelium zu schreiben.

Und so sitzt der eine jetzt da und schreibt am neuen Evangelium und der andere an einer neuen Übersetzung der bisherigen biblischen Schriften. Und Trixi und ich sind natürlich auch noch da.

»Boah!«, entfährt es Martin am Küchentisch. »Was ist los?«, frage ich zurück. »Ich kriege noch die Krise mit diesem Kundenservice«, schimpft Martin, steht auf und stampft in sein Zimmer. Er versucht seit Tagen irgendwelche Rufnummern mitzunehmen. Na ja, wird schon werden.

Ich schaue mich in der Küche um. Wie immer haben Martin und Jesus alles stehen lassen. Martin behauptet durchweg, dass eine gewisse Käthe sich um den Haushalt kümmern würde. Das mag historisch gesehen durchaus stimmen. Aber wir kennen keine und solange seine Käthe hier nicht auch noch auftaucht, wäre es schon schön, wenn er auch mal im Haushalt mithelfen würde. Und sei es den Müll vor die Tür zu stellen. Gerade als ich genau das erledigen möchte, kommt Jesus mir plötzlich durch die geschlossene Haustür entgegen. »Himmel, Herrgott noch mal!«, fluche ich laut, »Jesus! Klopf an, verdammt noch mal!«

Bevor Jesus sich rechtfertigen kann, stürmt Martin zu uns in den Flur. Er hat ein großes Blatt Papier, einen Nagel und einen Hammer dabei. Es ist also wieder so weit. Wutentbrannt versucht er den Zettel an die Tür zu nageln. Wir haben Stahltüren, muss ich dazu sagen. Aber wir sind darauf vorbereitet. Ich reiche ihm unauffällig doppelseitiges Klebeband. Nach wenigen Minuten ist der erste Wutsturm vorüber, es hängen jetzt »Fünf Thesen wider die deutsche Servicewüste und die schmalgeistigen Kundenberater« an unserer Küchentür.

»Und, fühlst du dich besser, Martin?«, fragt Jesus mitfühlend. Er nickt stumm. Jesus legt ihm eine Hand auf die Schulter. »Komm Martin, wir spielen eine Runde Bibelstellenraten«. Martin nickt wieder stumm. Jesus flüstert mir im Vorbeigehen zu: »Ich lasse ihn auch gewinnen.« Wir zwinkern konspirativ. Wohl wissend, dass Jesus wie immer keine Chance haben wird.

Es war für uns schon sehr überraschend, wie schlecht es um Jesus Bibelwissen bestellt ist. Martin ist ein wandelndes Bibellexikon und Jesus eher so … na ja: nicht. Jesus behauptet steif und fest, dass es ja auch nicht um die Wortwörtlichkeit, sondern um die Bedeutung und den Inhalt an sich ginge. Ein wenig irritierend finden Trixi und ich es trotzdem.

Deutlich irritierender ist allerdings inzwischen Martins YouTube-Kanal. Am Anfang fanden wir es ja noch ganz interessant zu sehen, was er da so veröffentlicht. Aber mittlerweile … mischen sich ganz schön viele Verschwörungstheorien mehr oder weniger unauffällig in seine Videos. Die stetig wachsende Zahl an Views und Abonnenten bestätigen ihn dummerweise auf seinem Weg. Für Jesus übrigens ziemlich frustrierend. Seine Followerzahlen in jeglichen sozialen Medien sind bislang äußerst überschaubar. Der gut gemeinte Hinweis von Trixi, dass er damals ja auch nur mit zwölf Followern angefangen habe, zog auch nicht so richtig.

Nun gut, die Küche ist aufgeräumt. Der Tag kann losgehen. Ich höre Martin und Jesus Bibelstellen raten und gehe rüber in mein Dienstzimmer. Das Bestattungsunternehmen anrufen. Ich überlege schon seit einiger Zeit, ob ich Jesus mal zu einem Diensttermin mitnehmen sollte. Aber noch bin ich etwas zurückhaltend. Ich weiß nicht, ob die Welt schon bereit für ihn ist. Und ob ich bereit bin, Jesus mitzunehmen, weiß ich ehrlich gesagt auch noch nicht. Andererseits ist mir auch unklar, ob überhaupt schon mal jemand für Jesus Anwesenheit ausreichend vorbereitet war.

Ein paar Stunden später klopft es an meiner Tür. Ich öffne und na sieh einer mal an: Jesus steht davor. »Na, was gibt's?«, frage ich. Jesus beißt sich auf die Lippe und fragt, ob er hereinkommen dürfe. »Klar!«, sage ich und denke mir, dass Jesus doch genau weiß, dass er mich immer stören darf.

»Natürlich weiß ich das«, antwortet Jesus. »Du sollst nicht meine Gedanken lesen!«, fauche ich ihn an. »Wie oft denn noch: Halte dich an die DSGVO und lies meine Gedanken nur nach ausdrücklicher Zustimmung!« Jesus lächelt gequält. »Was?«, frage ich immer noch etwas gereizt. »Wie stellst du dir das vor, Jonas? Ich kann das nicht ab- oder anschalten. Ich spüre das einfach in mir. Das mit der Tür, das ist nur Disziplin, das gebe ich ja zu. Aber mit den Gedanken … Gott kennt keine Datenschutzgrundverordnung. Er ist Herr über alle Daten. Und ich eben entsprechend dann auch irgendwie.«

Ich nicke gewollt verständnisvoll und versuche auch zugleich verständnisvoll zu denken. Gar nicht so leicht. »Also, was gibt's?«, frage ich erneut.

Jesus setzt sich an meinen Tisch und druckst etwas herum, bis es aus ihm herausbricht: »Ich kann das nicht. Ich … ich kann das mit diesem neuen Evangelium schreiben einfach nicht.« Ich schaue Jesus etwas ratlos an. Ich meine: War das nicht genau der Grund, warum Gott ihn zurückgeschickt hat? Und überhaupt: Kann Jesus nicht alles?

»Ha!«, lacht Jesus laut auf. »Natürlich kann ich auf eine Art alles. Aber deshalb fällt mir doch nicht immer alles leicht. Das damals am Kreuz? Scheiße man, das war das Heftigste und Schwierigste in meinem ganzen Leben! Und überhaupt, hast du dir je Gedanken darüber gemacht, wie viel Druck auf mir lastete? Ne du, da machst du dir das zu einfach, wenn du denkst, dass ich einfach alles kann.«

»Hmm«, sage ich. »Du weißt, dass ich dich nicht wirklich verstehen kann, Jesus. Auch wenn ich es versuche. Aber kann ich dir vielleicht irgendwie bei deinem Problem mit dem neuen Evangelium helfen?«

Ein Lächeln huscht über das Gesicht von Jesus. Ich mag das, wenn er so lächelt. Manchmal, wenn wir abends zusammen Serien gucken, dann schaue ich ihn heimlich an. Beobachte ihn. Seine Augen, die so wahnsinnig aufmerksam sind. Oder seine Lachfalten an den Augen. Es gibt immer wieder diese Momente, wo ich ihn einfach kurz berühren möchte. Nur um sicherzugehen, dass er auch wirklich da ist und ich mir das alles nicht einbilde. Aber immer, wenn ich darüber nachdenke, kommt von Jesus direkt ein »Ich warne dich!« und dann lasse ich es doch lieber.

Wo wir aber gerade bei dem Thema sind und weil ich oft danach gefragt werde (lustigerweise besonders häufig von Männern): So richtig gut sieht Jesus nicht aus. Ne, eigentlich überhaupt nicht. Also er ist auch nicht hässlich. Aber irgendwie erstaunlich normal. Fast unscheinbar. Auch wenn er selbst das ganz anders sieht. So unter uns: Jesus findet sich definitiv attraktiver, als er es ist. Frag ruhig meine Freundin, die ist der gleichen Meinung.

»Hörst du mir überhaupt zu?«, höre ich Jesus auf einmal fragen. »Entschuldige, was hast du gesagt?« Jetzt sehe ich kein Lächeln mehr in seinem Gesicht. »Und du willst Seelsorger sein? Junge, Junge! Also: Während du gedanklich abwesend warst, habe ich dir erzählt, dass mir vor allem das Schreiben Probleme macht. Weißt du, als ich das letzte Mal hier war, da bin ich ja einfach nur so herumgelaufen, habe ein paar Wunder gemacht und halt viel geredet. Sehr viel geredet. Sehr, sehr, sehr viel geredet. Und dann haben die Leute das irgendwann aufgeschrieben. Aber ich und schreiben? Klar kann ich das. Das ist nicht das Problem. Aber ich, also … ich weiß einfach nicht, ob ich so ein schriftstellerisches Talent habe.«

Das ist ja 'n Ding, denke ich mir. Jesus schaut mich unsicher an. »Und wenn Martin deine Texte verbessern würde?«, schlage ich ihm vor. Aber er schüttelt den Kopf. »Ne, der hält sich doch jetzt schon für einen halben Jesus. Und außerdem ist er mehr als genug beschäftigt mit seiner neuen Übersetzung der bisherigen biblischen Schriften.«

Ich denke nach. Vielleicht wäre irgendeine smarte Diktier-App was für Jesus. Aber die löst auch nicht sein künstlerisches Problem. »Und was sagt Gott dazu?«, frage ich vorsichtig. Jesus zuckt mit den Schultern. »Läuft gerade nicht so bei uns.«

»Wie meinst du das? Ich dachte, es läuft bei dir und Gott immer einfach nur Bombe?« Ich schaue Jesus direkt an. Er verschränkt die Arme vor seiner Brust und atmet tief aus. Ich habe das schon ein paar Mal an ihm bemerkt. Manchmal hat er ganz kurze Momente der Verletzlichkeit. Dann ist Jesus so krass menschlich – das ist mir eigentlich schon wieder zu viel des Guten.

Aber dann ist der Moment auch wieder vorbei und ein verschmitztes Lächeln kehrt auf sein Gesicht zurück. »Doch, natürlich ist alles gut bei uns«, sagt er. »Aber ich bin halt jetzt hier und ich bin viel abgelenkt und manchmal auch einfach von den Leuten genervt ...« Ich unterbreche Jesus: »Du meinst von uns hier im Pastorat?« Jesus schüttelt vehement den Kopf. »Nein, auf keinen Fall! Einfach so insgesamt. Du weißt: Ich liebe die Menschen. Aber manchmal sind sie auch so, na ja. Da könnte ich sie nehmen und schütteln und einfach sagen: Was ist los mit dir?«

Ich nicke. Wenn Jesus wüsste, wie oft ich so manche Leute gerne schütteln würde. Und schütteln ist hier eindeutig äußerst positiv formuliert.

»Ich weiß«, sagt Jesus und zwinkert mir zu. »Eines Tages werde ich dich bei der Datenschutzbeauftragten anschwärzen«, antworte ich missmutig. Wohl wissend, dass am Ende ich dann wieder der mit dem Glaubwürdigkeitsproblem sein werde.

Es klingelt an der Haustür. Ich schaue Jesus an. »War das für dich jetzt hier irgendwie hilfreich?« Er nickt und sagt: »Geh schon, alles gut.«

Ich gehe zur Tür und öffne. Trixi steht mit zwei vollgepackten Einkaufstüten davor. Sie begrüßt mich mit: »Ich hatte früher Schluss und habe gleich eingekauft, aber jetzt muss ich erst mal dringend auf Klo«, pfeffert die Tüten in die Ecke und flitzt aufs Gäste-WC. Noch bevor ich mich gebückt habe, um die Tüten in die Küche zu bringen, rauscht die Toilettenspülung und ich erhalte einen dicken Schmatzer auf den Hinterkopf. Es ist mir seit

Jahren ein Rätsel mit ihr. Im Ernst: Es ist physiologisch unmöglich, so schnell auf Klo gehen zu können. Gut, aber durch verschlossene Türen gehen ist eigentlich auch unmöglich. Und aus dem Himmel zurückkehren, na ja. Ich merk schon: Der einzig Normale hier bin wohl ich.

»Es gibt Essen!«, ruft die schnellste Klogeherin der Welt laut durchs Pastorat. »Komme gleich!«, antwortet Jesus aus meinem Arbeitszimmer. »Ich komme nur, wenn es Fleisch gibt!«, höre ich Martin brüllen. »Und, was gibt's?«, frage ich Trixi. Sie strahlt mich an und holt vier Dönerboxen aus einer der Einkaufstüten. Oh man, ich liebe sie. Also. Meine Freundin. Und die Dönerbox. Und unsere WG.

»Gucken wir 'ne Folge?«, fragt Trixi. Natürlich gucken wir eine Folge. Als ob es bessere Mittagpausen geben würde. Und so sitzen wir da und schauen gemeinsam *Modern Family* auf Netflix. Irgendwie sind wir ja auch eine Art moderne Familie.

Ich schaue in die Runde und mir wird warm ums Herz. Wie sie so dasitzen und sich an ihren Dönerboxen ergötzen. Martin pickt wie immer zuerst alles Fleisch heraus (er bekommt auch immer eine extra Portion Rind), Trixi sitzt auf dem Boden und genießt jeden Bissen, als hätte sie seit Wochen nichts gegessen, und Jesus schaut wie gebannt auf den Fernseher und verfehlt regelmäßig den eigenen Mund mit der vollbeladenen Gabel.

»Halt, stopp!«, rufe ich da laut. »Wir haben was vergessen!« Ich renne in die Küche, öffne den Kühlschrank und hole uns vier Fritz Kola raus. »So, jetzt ist's perfekt«, sage ich, und dann mit einem Augenzwinkern zu Martin: »Sola Fritz Kola!«

»Na dann«, nuschelt Jesus kauend, »Prost!«

»Auf uns!«, sagt Trixi.

»Und das Leben!«, ergänzt Martin.

»Ach übrigens, ich habe auch frische Milch gekauft«, fällt da Trixi ein. »Ich vorhin auch«, quetscht Jesus zwischen einem Mundvoll Pommes hervor.

Na dann, denke ich mir. Ist der nächste Morgen ja gleich doppelt gerettet.

@theRealJesus

»Es jibt sone und solche, und dann jibt es noch janz andre, aba dit sind die Schlimmstn«, liest Jesus laut vor. Martin schmunzelt. Ich nicke zustimmend.

Jesus klappt das Känguru-Manifest zu und stöhnt theatralisch. »Wenn ich nur so schreiben könnte wie dieser Marc-Uwe Kling! Mein neues Evangelium würde sich besser verkaufen als die Bratwürste am Alexanderplatz.«

Dann frage ihn doch als Ghostwriter an, denke ich mir. »Habe ich schon. Bislang keine Antwort«, antwortet Jesus missmutig.

Es ist Sonntagabend und das bedeutet ungefähr die Hälfte des Jahres bei uns im Pastorat: Football-Abend. Oder in anderen Worten: Sieben Stunden auf der Couch mit Pizza und Energydrinks herumlümmeln. Und da glücklicherweise mindestens die Hälfte eines Football-Spiels aus Werbung besteht, hat man immer genug Zeit zum Schnacken. Quasi 'ne richtig soziale Sache, so ein Football-Abend.

Zumindest theoretisch. Faktisch zeigt Martin bislang wenig bis kein Interesse. Also weder am Spiel noch am Schnacken. Und Jesus zitiert wahlweise das Känguru oder hängt an seinem neuen Handy, einem Fairphone. Wollte er zwar erst nicht haben, weil Trixi ihn überzeugen konnte, dass es ökologischer wäre, ein günstiges Handy einfach möglichst lange zu nutzen, aber ich konnte noch überzeugender auf ihn einreden, dass sich auf Instagram so ein Fairphone mit Sicherheit gut machen würde. Gesagt, gekauft. Aber der angekündigte Boost bei den Followerzahlen ist bislang leider ausgeblieben. Jesus hängt immer noch irgendwo im zweistelligen Bereich fest. Während Martins YouTube-Kanal nicht aufhört, Klicks und Abonnenten zu sammeln.

Jesus hat es aber digital auch nicht leicht. Er musste feststellen, dass sein Wunschname (@theRealJesus) schon lange vergeben ist, Twitter will seinen Account partout nicht verifizieren (ich sagte ja bereits: Jesus hat durchaus ein Glaubwürdigkeitsproblem), auf Facebook ist er, glaube ich, der letzte wirklich aktive Nutzer, für Instagram ist Jesus nicht fotogen genug und von TikTok hat er sich nach wenigen Tagen verstört wieder abgemeldet. Das waren ihm zu viele zu junge zu wenig bekleidete Mädchen.

»So, Martin und Jesus, dann mal herkommen und die Pizza belegen«, ruft Trixi aus der Küche. Martin tippt sich an die Stirn und ruft zurück: »Ich stell mich doch nicht in die Küche. Bin ich 'ne Frau oder was?« Ich verschlucke mich an meinem Energydrink. Martins Sexismus ist manchmal nicht auszuhalten. Trixi und ich haben uns fest vorgenommen, ihm mal gehörig das Testosteron aus der Blutbahn zu diskutieren. Aber alles zu seiner Zeit. Und Trixi lässt sich da auch schon jetzt nichts gefallen.

»Martin, komm ran hier. Sonst gibt's eine Woche keinen Whiskey und ich schalte dir das Internet ab!«

Ächzend und widerwillig macht sich Martin auf den Weg in die Küche. Als Jesus ihm folgen will, halte ich ihn am T-Shirt fest. Er schaut mich etwas unwirsch an. »Jonas, du weißt, dass ich das mit den Berührungen nicht mag?«

»Jaja, ist ja gut«, sage ich. Mir liegt schon seit Tagen eine Frage auf der Zunge. Jetzt oder nie: »Ich habe eine Bitte, Jesus. Aber du darfst niemandem davon erzählen, okay?«

Jesus nickt. Ich beuge mich verschwörerisch vor und frage ihn flüsternd: »Ich habe unten im Keller zwei Kisten Wasser. Könntest du die zu Fritz Kola verwandeln?«

Jesus seufzt und schaut mich mitleidig an. »Ich habe es doch schon versucht zu erklären: Dieses Mal gibt's keine Wunder von mir. Ich habe einen ganz klaren Auftrag: Schreib ein neues Evangelium. Punkt.«

»Komm schon, Jesus! Ich würde es auch keinem sagen und es wäre ja auch nur ein ganz kleines Wunder!«

Mit »Ein Nein ist ein Nein« beendet Jesus meine Bitten um eine wundersame Koffeindrink-Vermehrung und geht in die Küche, um sich seine Pizza zu belegen. Na ja, einen Versuch war es wert.

Ich lasse mich aufs Sofa fallen, während Quarterback Patrick Mahomes von den *Kansas City Chiefs* den ersten Touchdown-Pass des Abends wirft. Irgendwie hatte ich gehofft, dass Jesus für uns doch einfach hin und wieder das eine oder andere Wunder springen lassen würde. Schade!

»Deine Freundin ist doch spülsüchtig«, grummelt Martin, während er zurück ins Wohnzimmer kommt. »Über zwanzig Millionen Menschen in Deutschland sind spülsüchtig. Helfen Sie Ihnen jetzt und waschen Sie Ihren Dreck selbst ab«, antworte ich. Ich bin mir aber relativ sicher, dass Martin den Wink mit dem Putzlappen gekonnt überhört hat.

»Und, wie lief deine Woche so, Martin?«, versuche ich mich stattdessen in Smalltalk. »Gut! Ich habe meine Briefe an den Papst abgeschickt und habe ein ausgezeichnetes Gefühl bei der Sache!«

»Wollten wir darüber nicht eigentlich noch mal reden, Martin?«

»Wieso? Das ist ja wohl mein Bier, mit wem ich mich anlege!«

»Ja und nein. Solange du deine Briefe auf unserem Tisch schreibst, unsere Briefmarken nutzt, dabei meinen Whiskey trinkst und das alles über den Drucker der Gemeinde vervielfältigst, möchten wir gerne wissen, was du an wen so schreibst.«

Martin schüttelt den Kopf und verschränkt die Arme vor seiner Brust. »Martin!«, fahre ich ihn etwas lauter als beabsichtigt an.

»Na, hat unser Reformator mal wieder heimlich eine Hatespeech verschickt?«, fragt Trixi, während sie mit Jesus zurück ins Wohnzimmer kommt.

Ich nicke. »Ja, dieses Mal an den Papst!« Hilfesuchend schaue ich Jesus an. »Jesus, sag doch auch mal was dazu!«

»Was soll ich dazu sagen? Wir wissen doch alle, dass Martin mit dem Vatikan im Dauerstreit liegt.«

»Ja und könntest du das nicht mal geradebiegen? Zumindest in deinem neuen Evangelium?«, schlägt Trixi vor.

Jesus zuckt mit den Schultern. »Ich verstehe das Problem überhaupt nicht. Ich meine: Ja, das mit Petrus und dem Papsttum, das haben die Katholiken ein klein wenig überinterpretiert, aber deshalb ist der Laden doch nicht gleich verkehrt. Und überhaupt: Nennt mir eine christliche Kirche, die nicht auf ihre Art irgendeinen Teil der Bibel überbewertet hat und dafür andere

Stellen konsequent vernachlässigt. *C'est la foi! That's faith*, so ist das eben im Glauben! So, und jetzt rückt mal ein wenig auseinander, ich brauch auch noch Platz auf dem Sofa.«

Wir rücken artig zur Seite. Im Großen und Ganzen haben wir uns inzwischen daran gewöhnt, dass Jesus gewisse Probleme mit körperlicher Nähe hat. Liegt wohl daran, dass bei jeder Berührung eine Energie von ihm ausgehen kann, die er offensichtlich nicht zu hundert Prozent unter Kontrolle hat. Leider ist Jesus aber auch nicht weiter auf Trixis Frage eingegangen, warum diese Energie dann nie fließt, wenn es um den Haushalt geht. Dreckwäsche anfassen. Zack sauber und gebügelt. Die bei uns konsequent immer verkalkte Duschabtrennung aus Glas berühren. Ruckzuck glänzt das Ding wieder. Das wäre doch was! Na ja, aber es ist halt, wie 's ist, und Jesus hat leider weniger Ähnlichkeiten mit dem Wünsche erfüllenden Sams als erhofft.

»So meine Lieben, dann mal alle nett lächeln, cool aussehen oder zumindest das Beste aus sich rausholen«, reißt Trixi mich aus meinen Gedanken. »Jesus, du machst das Selfie von uns vieren. Und denk an #ranNFL und weitere gute Hashtags«. Artig machen wir bei der Instagrammisierung des Abendlandes mit.

Ich schaue mir das Foto an. Na ja. Die Einzige, die auf dem Foto gut aussieht, ist eigentlich Trixi. Besonders auffällig: Jesus muss echt dringend wieder zum Friseur. So unter uns: Irgendwas stimmt mit seinen Haaren nicht. Egal was er ausprobiert, es sieht immer komisch aus. Und ganz ehrlich: Er hat echt schon viel probiert. Als er hier ankam: die Mähne. Das haben wir ihm sofort ausgeredet. Der Pferdeschwanz war auch nur ein sehr kurzes und dennoch optisch schmerzvolles Intermezzo. Kurzhaarschnitt passte irgendwie auch nicht. Da sah er aus wie zwölf. Undercut fand ich

eigentlich ganz gut, war ihm aber zu hip. Aktuell versucht er täglich mit meinem Haarwachs irgendwas zu retten. Aber gefühlt
sind das auch nur abwechslungsreich missglückte Igelfrisuren.

Ich stupse das wandelnde Frisurenproblem an. »Hey Jesus,
ich mach dir für nächste Woche mal wieder einen Termin bei
der Friseurin hier um die Ecke, ja?« Jesus nickt und in der Küche
klingelt ein Timer. Die Pizza ist fertig.

Trixi schaut uns drei auffordernd an. »Ich geh schon«, sage
ich und komme kurz darauf mit äußerst gut duftenden Pizzen
zurück. Die Frau weiß einfach, wie gute Pizza geht.

»Die Pizza Diavola für den korpulenten Herren hier vorne?«
Martin nickt. »Frutti di Mare für das Nicht-Sams?« Jesus wirft
mir eine Kusshand zu. »Dann bleibt noch zweimal vier Käse für
das glückliche Pärchen. Ich wünsche guten Appetit!«

Wir schmatzen genüsslich vor uns hin, während die *Kansas
City Chiefs* ein *Field Goal* kassieren. »Und, was sagt unser Bild
auf Instagram?«, fragt Trixi Jesus.

»Erst 27 Likes.«

»Das wird schon noch«, muntert Trixi auf. »Damals bist du
doch auch nicht von jetzt auf gleich mit deinen Followerzahlen
durchgestartet.«

»Stimmt schon. Aber ich bin ja mit einer ganz anderen Er-
wartungshaltung dieses Mal gekommen. Ich meine: letztes Mal?
Da musste ich wirklich ganz von vorne anfangen. Ich war ja
quasi das erste Start-up der Menschheitsgeschichte. Aber heute?
Es gibt 2,3 Milliarden Christen! Und ich bekomme 27 Likes für
mein Bild? Kommt schon!«

»Früher waren die Leute eben einfacher zu überzeugen«, gibt
Martin seinen Senf dazu. »Heute reicht das nicht, wenn einer

kommt und sagt, dass er der Sohn Gottes sei und dann ein paar tolle Reden hält, ein paar nette Bilder postet und schwups entsteht 'ne Weltreligion. Glaube verbreiten, das ist heute richtig Knochenarbeit! Allein wenn du dir die Konkurrenz anguckst. Die sind fit, die können was, die machen zum Teil auch einfach bessere Angebote!«

»Ja, aber Jesus macht doch eigentlich schon alles richtig«, wende ich ein. »Ich meine: Er ist voll digitalisiert, er stellt sich online mehr als vorteilhaft dar.« Jesus unterbricht mich: »Ich besuche sogar schon seit Wochen dieses Webinar zum Thema Reichweitenerhöhung!«

»Du machst das prima, Jesus. Gib den Leuten einfach nur ein wenig mehr Zeit«, versucht Trixi es einfühlsam. Aber Jesus ist nicht überzeugt. Wehleidig stochert er in seiner Pizza herum. »Das ist einfach nicht fair. Es gibt da draußen tausende Jesus-Fake-Accounts und alle haben mehr Zulauf als meiner.«

»Ich weiß, wo dein Problem liegt«, quetscht Martin aus seinem pizzagefüllten Mund hindurch. »Du bist einfach eher so der Offline-Typ.«

»Was soll das denn heißen?«, hakt Jesus nach.

»Na ja, du bist zwar jetzt nicht die Schönheit in Person und das mit der Frisur, na ja egal. Also was ich sagen will: Die Leute lieben deine Nähe. Deine Aura. Auch wenn du eher unscheinbar bist – wenn man sich mit dir unterhält, dann gibt's richtig so einen Kick in einem drin. Und das funktioniert online anscheinend nicht.«

Ich schaue Martin erstaunt an. Das war ja richtig vernünftig. Ich werde Trixi nachher fragen müssen, ob sie was in seine Pizza getan hat.

Jesus gefällt die Antwort trotzdem nicht: »Es muss aber auch digital funktionieren! Wir haben das vor unserer Rückkehr doch zigfach im Himmel ausprobiert. Alle Berechnungen haben ergeben: Meine Botschaft muss ins Digitale!«

»*Touchdown*!«, ruft Trixi laut aus. »Geiles Ding! Habt ihr's gesehen? Hier, Jonas, guck jetzt hin, so geil geworfen ey!«

»Patrick Mahomes hat übrigens 3,8 Millionen Follower auf Instagram«, sagt Jesus. »Und ich habe keine hundert.« Tja, denke ich mir. Der wirft halt auch geile Pässe an jedem Sonntag.

»Ach, und das ist wichtiger als mein Evangelium?«, zischt mich Jesus an. »Ich sage euch: All diese Menschen haben Internet, aber liken mich nicht. Und wenn sie eines Tages vor mir stehen, dann werde ich sie auch nicht liken!«

»Das wird mir jetzt zu radikal hier«, sagt Trixi und bringt die leeren Pizza-Teller in die Küche.

»Man wird ja wohl in diesem Land noch radikal sein dürfen!«, mault Jesus ihr hinterher.

»Jetzt ist aber mal gut mit deiner schlechten Laune!«, fahre ich ihn an. »Hier, trink ein wenig Energy-Drink, das hebt die Stimmung.«

Beleidigt verkrümelt sich Jesus in seine Ecke des Sofas. Ich schaue ihn an und denke mir, dass das alles für ihn hier auch nicht einfach ist. Klar, für uns auch nicht. Aber es ist ja nicht nur die digitale Welt, die ihm zu schaffen macht. Er war anscheinend auch überhaupt nicht auf die klimatischen Unterschiede zwischen Israel und Deutschland vorbereitet. Andauernd ist ihm hier zu kalt. Wir haben September und er trägt draußen Mützen (was übrigens auch absolut nicht förderlich für seine Frisur ist, *just saying* …).

Ja oder beim Thema Schuhe. Jesus hat sich doch tatsächlich als Allererstes Adiletten zugelegt. Zitat: »Die sind voll bequem, die tragen wir alle im Himmel!«

Als wir ihn zum ersten Mal darin gesehen haben, meinte Trixi, dass jetzt nur noch weiße Tennissocken fehlen würden. Aber wir konnten ihn zum Glück davon überzeugen, die Adiletten gegen Flip-Flops einzutauschen. Jetzt hoffen wir beide, dass sich der Trend auch im Himmel fortsetzen wird. Sonst müssen wir über unsere Teilnahme noch mal gründlich nachdenken. Ich meine: ewig Adiletten tragen? Ne du, ich weiß ja nicht.

»Sag mal, Jesus«, sagt Trixi, während sie sich wieder ins Sofa fallen lässt, »ich habe mich vor Kurzem gefragt: Kannst du eigentlich verschieden aussehen oder siehst du immer gleich aus?«

»Wie meinst du das?«, fragt Jesus zurück.

»Na ja, hast du vor 2000 Jahren genauso ausgehen wie heute?«

»Ja, klar. Ich habe doch die Gene meiner Mutter und sehe halt aus, wie man vor 2000 Jahren aussah, wenn man in Bethlehem geboren wurde. Eher dunklerer Hauttyp, etwas kantiges Gesicht, schwarzes Haar ... wieso fragst du?«

»Na ja, weil ich mir dich immer irgendwie ... europäischer vorgestellt habe. Nicht so ...«, Trixi sucht nach den richtigen Worten.

»Arabisch?«, versuche ich zu helfen.

»Ja, kann man vielleicht so sagen«, stimmt mir Trixi zu.

Jesus guckt uns etwas unsicher an, was wir eigentlich von ihm wollen. Bevor das hier irgendwie abdriftet, versuche ich die Fragerunde mal lieber in eine andere Richtung zu lenken: »Und sag mal, Jesus, hättest du gedacht, dass das mit der Kirche so groß wird?«

Jesus nickt. »Ja, auf jeden Fall. So war das ja auch gedacht. Also, dass das groß wird. Auch wenn das alles ein wenig anders geplant war. Aber was soll man machen? Die Menschen haben ihren freien Willen und aus irgendeinem Grund mussten sie den vor allem in der Gestaltung der Kirche besonders intensiv ausleben. Aber auch deshalb bin ich ja wieder da und kann das eine oder andere hoffentlich richtigstellen.«

Martin steht ruckartig auf und fragt, ob es stören würde, wenn er uns heute schon früher verlasse. Wir schütteln den Kopf. Trixi fragt: »Arbeitest du noch 'ne Runde?«

Martin nickt und sagt mit einem Blick auf Jesus: »Ja, einer muss ja hier auch mit seinem Projekt vorankommen, nicht wahr?«

»Aber nicht wieder an den Papst schreiben«, warne ich Martin.

»Nene, ganz im Gegenteil! Ich wollte noch meine ›95 Thesen wider die liberale Belanglosigkeit in der evangelischen Kirche‹ zu Ende schreiben.«

»Na gut, das ist in Ordnung«, sage ich.

»Ach eins noch, Martin«, ruft Trixi ihm hinterher.

»Ja?«

»Versteh mich bitte nicht falsch, aber … kann es sein, dass deine letzte Dusche ein wenig länger her ist?«

Martin zuckt nur mit den Schultern. »Ich muss nicht gut riechen, ich muss gute Arbeit abliefern«.

»Es wäre dennoch fürs Raumklima toll, wenn du es mal wieder schaffen könntest!«, bekräftigt Trixi ihren Wunsch, aber da ist Martin schon in seinem Zimmer verschwunden.

Die nächsten Stunden schauen wir relativ schweigsam das zweite Football-Spiel des Abends. Es ist ziemlich langweilig und irgendwie sind uns die Gesprächsthemen ausgegangen. Trixi spielt am Handy »Die Siedler«. Jesus hat sich meinen Laptop ausgeliehen und spielt »Roller Coaster Tycoon«. (Er liebt es, die verrücktesten Achterbahnen zu bauen. Martin meckert aber immer mit ihm. Aus seiner Sicht sind PC-Spiele eigentlich nur Zeitverschwendung). Und ich arbeite an einem neuen Predigtslam, der über Martins Buch »Freiheit eines Christenmenschen« gehen soll.

In die stille Nacht hinein fängt das Handy von Jesus auf einmal an, wild Töne von sich zu geben.

»Was geht denn bei dir?«, frage ich belustigt.

»Geile Scheiße!«, entfährt es Jesus. »Icke, also hier der Moderator vom Football-Dings, hat unser Selfie von vorhin geteilt. Und ich habe auf einen Schlag 17 neue Follower! Leute, ich bin jetzt dreistellig!«

Trixi und ich klatschen angemessen enthusiastisch in die Hände. Jesus kann kaum noch stillsitzen. Ehrlich gesagt habe ich mir das früher immer anders vorgestellt, also wie das ist, wenn Jesus sich über neue Follower freut. Aber irgendwie ist es auch sympathisch. Fast niedlich.

»Der freut sich echt wie 'n Schnitzel über jeden, der ihm folgt«, flüstert Trixi mir schmunzelnd ins Ohr.

»Ich muss den Neuen was schreiben! Los, sagt mal, was soll ich schreiben?«, fragt Jesus uns immer noch ganz aufgeregt über die jüngste Reichweitenexplosion.

Ich überlege. »Darf's auch was aus den alten Evangelien sein?«, frage ich zurück.

»Klar! Wenn's gut ist!«

»Dann schreib: »Moin! Vielen Dank fürs Folgen! Wenn ihr mal müde und ausgelaugt seid, dann meldet euch bei mir.«

Jesus gefällt's und er tippt eifrig. Tatsächlich ist das etwas, was mir schon immer an Jesus gefallen hat. Aber seitdem er bei uns ist, ganz besonders. Erst vor Kurzem wieder: Bei mir war innerlich eher Orkan angesagt und dann bin ich einfach nur zu ihm und ... keine Ahnung. Als ob er den Sturm aus mir herausziehen würde oder von ihm so eine Art friedliche Stille ausgehen würde. Ganz ohne Worte ... ich muss einfach nur in seiner Nähe sein.

Einmal, als ich mal wieder eine Dosis inneren Frieden brauchte und mich unauffällig in seine Nähe gesetzt habe, da hat er mich nach ein paar Minuten angezwinkert und mir ein »Gern geschehen« zugeflüstert.

Also auch wenn Jesus leider nicht das Sams ist. Wir profitieren schon von seiner Anwesenheit hier, keine Frage.

Trixi gähnt laut. »So ihr beiden, ich geh ins Bett. Bei dem Spiel passiert glaube ich nichts mehr.«

»Ich komme mit«, sage ich und stehe auf. »Jesus, mach nicht mehr so lange, ja?«

Jesus nickt. »Ich mach nachher auch alles aus hier, versprochen. Ich will nur noch ein paar Notizen für's neue Evangelium machen. Ich denke, ich werde ein Kapitel rund um Internet und Digitalisierung und so machen.«

»Find ich gut«, sage ich. »Aber darf ich dir dann was empfehlen? Guck dir vorher mal den Film über Edward Snowden an und google in Ruhe zum Thema Datenschutz und so. Da wollen die Leute bestimmt deine Meinung zu hören.«

»Alles klar«, sagt Jesus, »aber du weißt ja schon, was ich grundsätzlich zu dem Thema denke, oder?«

Ich schaue Jesus fragend an.

»Ehrlich, ich sage euch: Evangelium geht immer über Datenschutz. Die Leute sollen von mir hören. Das ist das mit Abstand Wichtigste!«

»Sehe ich genauso«, pflichte ich ihm bei. »Aber das darfst du dann den kirchlichen Datenschutzmenschen erklären!«

Jesus nickt. »Kein Problem. Ich schreibe denen gleich noch eine WhatsApp.«

»Also, wenn du das Känguru fragen würdest – ich glaube, es würde dir raten, diese Idee sofort auf deine Not-to-do-Liste zu setzen«, wende ich ein. Aber Jesus hört mir gar nicht mehr zu.

»Wahnsinn! Guckt mal hier: Schon wieder zehn neue Follower! Leute, ich glaube aus mir wird noch so ein krasser Influencer!«

Diskriminatoren

Martin zieht eine Startkarte.

»Der schwerste Spieler fängt an!«, ruft er laut.

Ich schüttele den Kopf. Trixi, Martin und ich sitzen am Esstisch. Vor uns ist ein von Martin selbst gebasteltes Brettspiel aufgebaut. Es heißt »Diskriminator – das alternative Spiel für Deutschland«. Wenn ich es richtig verstanden habe, dann besteht der gesamte Sinn des Spiels darin, dass man willkürlich benachteiligt, ausgegrenzt oder unwürdig behandelt wird. Martin beginnt und würfelt.

Der Würfel zeigt einen Mittelfinger. Das heißt, man muss eine »Du-kannst-mich-mal-Karte« ziehen. Martin liest laut vor: »Jeder Mitspieler mit einem Doppelnamen muss diese Runde aussetzen«. Klasse Spiel.

Als nächstes bin ich dran. Ich würfle eine drei und lande auf einem sogenannten »Hauptschulfeld« – jeder, der kein Abitur hat, muss vier Felder zurückgehen.

»Hallöle, da bin ich wieder«, trällert Jesus, während er durch die geschlossene Haustür hereinkommt. »Jesus! Erst anklopfen oder klingeln, bevor du durch Türen gehst!«, meckere ich los. »Und wolltest du nicht zum Probetraining ins Fitnessstudio?«, fragt Trixi verwundert. Jesus lacht und sagt: »Ach, auf dem

Weg dorthin habe ich gedacht: Statt McFit geht auch McDouble Chili Cheese.«

Jaja, Jesus und Fitness, das wird wohl nichts mehr in diesem Leben. Sein aktueller WhatsApp-Status ist passenderweise: »Sixspeck statt Sixpack!«

Auf meine Nachfrage, warum er seine Fitness nicht so ernst nehmen würde, meinte Jesus, dass das im Himmel einfach keine Rolle mehr spielen würde. »Ob dick oder dünn, muskulös oder eher wie du, Jonas – völlig egal! Weder das eine noch das andere gilt als Ideal und gesundheitliche Einschränkungen gibt es auch nicht mehr.«

Trixi ist dran mit Würfeln. Der Würfel zeigt ein Kopftuch. Das verheißt nichts Gutes. Sie zieht eine Kopftuchkarte. »Jeder Mitspieler, der von mindestens zwei weiteren Mitspielern als potenzieller Terrorist eingestuft wird, hat das Spiel verloren und darf des Hauses verwiesen werden.«

Trixi und ich schauen uns an und nicken. Martin ahnt, dass das Spiel nun für ihn ein Ende gefunden hat, und wirft missmutig das Spielbrett um.

»Wir werden dich aber nicht ausweisen, Martin«, sagt Trixi großzügig. »Zumindest noch nicht.«

Einen ähnlichen Eklat konnte ich an der Universität zum Glück abwenden. Ich war mit Martin neulich in der Uni. Er wollte wissen, wie es um die theologische Lehre steht. Kurz gesagt: Martin schreibt jetzt nur noch von »theologischer Leere«. Bestes Erlebnis während unseres Uni-Tagesausflugs: Während einer Kirchengeschichts-Vorlesung über Martin Luther meldete sich eben dieser mehrfach, um den Professor zu korrigieren. Dem waren aber alle Beiträge von Martin historisch zu ungenau.

Als es dann zum Ende der Vorlesung um die judenfeindliche Theologie Luthers gehen sollte, bin ich mit Martin vorsichtshalber gegangen. Mit Blick auf seinen verschwörerischen You-Tube-Kanal bin ich mir relativ sicher, dass das nicht gut ausgegangen wäre.

»Ach das passt ja, dass ihr fertig seid«, sagt Jesus und setzt sich mit Laptop zu uns an den Tisch. »Ich könnte eure Hilfe gebrauchen«.

Wir drei angehenden Diskriminatoren lehnen uns zurück und schauen Jesus erwartungsvoll an.

»Ich möchte ein Kapitel über Rassismus schreiben«, beginnt dieser. »Also im neuen Evangelium.«

Wir nicken. Das kommt für keinen von uns überraschend. In letzter Zeit hat Jesus gleich mehrfach schlechte Erfahrungen gemacht.

Letzte Woche waren wir zum Beispiel mit der Bahn unterwegs. Wir wollten Jesus und Martin unbedingt das Musical »König der Löwen« zeigen (Fazit: Martin ist eingeschlafen, Jesus hatte Tränen in den Augen). Ja, und so sitzen wir da ganz entspannt in der S-Bahn, als plötzlich jemand anfängt, Jesus anzupöbeln. Er solle gefälligst dorthin zurückgehen, wo er herkomme.

Und als Trixi neulich im Auto von der Polizei angehalten wurde, war eigentlich alles okay. Was allerdings auffiel: Von uns vieren sollte nur Jesus aussteigen, Perso vorzeigen (den er natürlich nicht hat ...) und er wurde ordentlich ausgefragt. Als einziger im Auto, dessen Hautfarbe halt nicht in einer Wunschbaby-Datenbank der Nazis zur Auswahl gestanden hätte.

»Ich habe da mal was vorbereitet«, sagt Jesus und öffnet ein Word-Dokument. »Passt auf: Wenn dich deine Zunge zu Rassismus verleitet, dann reiß sie raus und wirf sie weg! Es ist besser für dich, ein Körperteil zu verlieren, als ganz in die Hölle geworfen zu werden!«

»Hoppla!«, sage ich. »Was ist denn bei dir heute falsch?«

»Deine Radikalität kotzt mich an«, giftet Trixi. »Immer musst du es übertreiben. Wie oft denn noch? Gott ist die Liebe. Gott hasst nicht!«

Jesus richtet sich auf seinem Stuhl auf. »Leute, ich weiß, dass das *too much* ist. Aber sonst hört doch niemand auf mich. Wenn ich da so 'ne Wischi-Waschi-Nummer aufschreibe – das hilft keinem! Große Probleme erfordern große Worte.«

»Du führst dich manchmal echt auf wie ein Fundamentalist, ist dir das eigentlich klar?«, fragt Trixi Jesus wütend.

»Ihr wisst doch gar nicht, wie das ist!«, ruft Jesus laut und ich sehe eindeutig Tränen in seinen Augen. »Wer von euch wurde schon wegen seiner Hautfarbe oder seines Aussehens diskriminiert? Na? Richtig! Keiner! Kein einziger von euch! Und ihr wollt mir sagen, was ich über Rassismus schreiben soll und was nicht?«

Eigentlich hat er uns ja genau danach gefragt, denke ich mir. »Das tut hier nichts zur Sache«, blafft Jesus mich direkt an. »Und du sollst meine Gedanken nicht andauernd mitlesen!«, zicke ich zurück.

Trixi steht auf, stellt sich an unsere große Fensterfront, schaut in unseren verwilderten Garten und sagt gedankenverloren und doch bestimmt: »Ich dachte immer, dass Gott keine Menschen hassen kann, Jesus?«

Martin nickt eifrig und ergänzt: »Je tiefer der Abgrund eines Menschen, desto größer die Liebe Gottes zu ihm.«

Widerwillig stimmt Jesus ihm zu. »Ja, aber …«

»Nichts aber«, unterbricht Trixi ihn direkt – immer noch in den Garten schauend. »Du hast schon beim letzten Mal echt viel radikalen Krams rausgehauen. Im Vergleich zu den Briefen, die auch noch in der Bibel gelandet sind, kommst du verdammt fundamentalistisch rüber. Mach den Fehler nicht noch mal, ganz ehrlich!«

Ich sehe Jesus an, dass ihm diese Antwort überhaupt nicht gefällt. Und gleichzeitig weiß er mit Sicherheit, dass Trixi recht hat. Die beiden haben sich schon ein paar Mal in die Haare bekommen. Die Streitgespräche laufen fast immer gleich ab: Jesus haut was Radikales raus, Trixi kommt mit irgendeinem »Gott ist die Liebe«-Zitat aus der Bibel, Martin bestätigt das Bibelzitat und letztlich muss Jesus zähneknirschend zugeben, dass Gott Liebe ist und sich das nicht immer mit seiner Radikalität verträgt.

Wir schweigen uns eine Weile an. Ich verstehe die Wut von Jesus. Auch wenn ich sie vielleicht in der Heftigkeit nicht persönlich nachempfinden kann. Ich mag das eigentlich auch an Jesus. Diese Emotionalität! Vor Kurzem habe ich ihn nachts sozusagen erwischt. Ich musste auf Klo und auf dem Weg dorthin habe ich gehört, wie der Fernseher noch lief. Habe dann heimlich um die Ecke geluschert und was sehe ich?

Jesus, der völlig gebannt vor dem Fernseher sitzt und hemmungslos weint.

Ich wollte ihn nicht stören und bin leise zurück ins Schlafzimmer. Habe aber am nächsten Tag dann überprüft, was er sich angesehen hat (jaja, Datenschutz und Privatsphäre und so): Es war eine Dokumentation über Flüchtlingsrouten nach Europa.

Ja, ich schätze das an Jesus. Dass er weint, wenn Mufasa in »König der Löwen« stirbt und dass es ihn schüttelt, wenn er das Leid all der flüchtenden Menschen sieht. Und trotzdem fällt es mir schwer, mit seiner aus der Emotion geborenen Radikalität umzugehen.

»So, wo wir jetzt alle Jesus geholfen haben – ich bräuchte auch mal kurz eure Meinung«, sagt Martin in die Stille hinein.

Hört, hört. Denke ich mir. Martin unser im Himmel braucht unsere Hilfe?

»Es geht um meine Neuübersetzung. Ich bin gerade bei der biblischen Geschichte vom verlorenen Sohn. Ihr wisst schon, der Vater mit den zwei Söhnen, einer bekommt sein Erbe frühzeitig, haut damit ab, verprasst das ganze Geld und kommt dann eines Tages zu seinem Vater zurück und …«

Jesus unterbricht. »Martin, ich habe die Geschichte damals erzählt, ich weiß, was da drinsteht.«

»Gut. Sehr gut. Mein Problem ist: Als du die Geschichte damals erzählt hast, passte das wie Angela zu Deutschland. Aber heute muss ich sagen … die hat sich einfach verbraucht über die Jahre. Die will heute doch keiner mehr hören.«

Och, denke ich mir. Mir gefällt sie eigentlich immer besser, je älter sie wird.

»Deshalb habe ich mir vorgenommen«, fährt Martin fort, »für meine neueste Übersetzung die Geschichte ein klein wenig aufzufrischen. Fallen euch neue Bilder und Vergleiche über Verlorenes ein?«

»Mach doch was für die Jugend und erzähle was über verlorene Unschuld«, schlägt Trixi vor. Jesus kichert. Ich nicke ihr anerkennend zu. Martin verdreht die Augen.

»Oder was über den HSV!«, rutscht es mir raus.

»Die Geschichten sollen sich am Ende glaubhaft zum Guten wenden können«, sagt Jesus.

»Argument«, sage ich, »dann geht der HSV auf gar keinen Fall.«

Martin schüttelt den Kopf, sagt: »Ich merk schon: Mit euch kann man keine Bibelübersetzungspreise gewinnen«, und geht unzufrieden in sein Zimmer.

Ich schaue Jesus an. Er sieht nachdenklich berührt aus. »Grübelst du noch über das Rassismus-Ding?«, frage ich vorsichtig. Er nickt.

»Ich hasse es, Jonas. Wieso sind manche Menschen so?«

»Ich weiß es nicht«, antworte ich ehrlich. »Aber wir könnten ein paar gute Worte von dir zu dem Thema echt gebrauchen. Und ich bin da ganz bei Martin: Schreib was ohne Gegenhass. Vielleicht so ein wenig wie dein Text über Mindestlohn.«

»Oh ja! Der war gut!«, pflichtet mir Trixi bei. In Jesus Augen flackert so etwas wie Optimismus auf.

Ich fand den Text wirklich gut. Wir waren auf das Thema gekommen, als es um die Haushaltskasse bei uns in der WG ging. Trixi und ich hatten angemerkt, dass es schön wäre, wenn unsere beiden Gäste sich da beteiligen würden. Martin ließ bei dem Thema aber gar nicht mit sich reden. Mit Jesus konnten wir uns immerhin darauf einigen, dass er sich einen Job suchen wollte.

Aber uns war schon klar, dass das schwierig würde. Er hat keinen Ausweis, keine Aufenthaltsgenehmigung, kann keine Ausbildung nachweisen … alle Jobs, die er finden konnte, waren halt ganz unten in der Nahrungskette mit entsprechender Bezahlung.

Ja, und so sind wir dann letztlich beim Mindestlohn und auch beim Thema bedingungsloses Grundeinkommen (Jesus ist klar dafür!) gelandet. Jesus hat sogar für sich in Anspruch genommen, dass er über beide Themen schon in den alten Evangelien gesprochen hat. Tatsächlich gibt es dort eine Geschichte mit einem Weinberg-Unternehmer, der seinen Angestellten allen gleich viel zahlt. Und zwar nicht pro Stunde, sondern an sich. Jesus hat nicht ganz unrecht, dass das eine Form des Grundeinkommens war.

»Am besten fand ich das Gleichnis mit Uli Hoeneß«, sagt Trixi schmunzelnd. »Ich fand's auch ziemlich lustig«, pflichte ich ihr bei, »aber ich glaube immer noch, dass Jesus das nicht bringen kann«.

»Wieso nicht?«

»Erstens ist es keine neue Geschichte. Jesus hat eigentlich nur eine alte Geschichte umgeschrieben. Und zweitens ist das nicht fair dem Uli gegenüber.«

»Aber komm schon: Die Vorstellung, dass der Hoeneß auf einen Funkmast klettert, weil er unbedingt bei einer Rede von Jesus zuhören will? Herrliche Vorstellung!«

Jesus lächelt uns beide an. »Ich hab's wieder rausgeschmissen. Das Thema vorbildliches Leben als Christ – beispielhaft erklärt anhand einer Steuererklärung – habe ich aber drin gelassen.«

Ich atme schwer aus. Das war echt 'ne Nummer mit Jesus. Trixi und ich haben unsere Steuererklärungen gemacht und, na ja, also wir machen natürlich keine Steuerhinterziehung, aber man kommt ja super schnell in Graubereiche, und ohne Scheiß: Jesus hat uns da aber sowas, von zur Schnecke gemacht. Ich glaube, es wurden noch nie so korrekte Steuererklärungen abgegeben wie die beiden, die wir mit Jesus zusammen erstellt haben.

Unabhängig davon steht es um unsere WG-Haushaltskasse aber immer noch nicht besser. Martin meint, die Frau im Haus sei dafür zuständig. Das hätte bei ihm früher auch hervorragend funktioniert (Trixi und ich streiten uns noch, ob das jetzt eigentlich eine Form von Sexismus oder Gleichberechtigung ist), und Jesus weigert sich, für weniger als 10 Euro die Stunde arbeiten zu gehen.

»ZUM TEUFEL MIT EUCH!«, höre ich da Martin laut brüllend aus seinem Zimmer stürmen. In seiner rechten Hand sein Handy, in seiner linken einen unserer Router.

»Ähm, Martin, was wird das?«, fragt Trixi irritiert. Aber der ist schon im Keller verschwunden, um nur wenige Sekunden später mit Spiritus und Grillanzünder zurückzukommen.

Ich habe ein schlechtes Gefühl bei der Sache.

Zu Recht, wie sich zeigt. Martin schmeißt den Router im Garten auf den Boden, überschüttet ihn mir Spiritus und wirft einen brennenden Grillanzünder dazu. Sicher ist sicher.

»Martin, denkst du, dass das hilft?«, frage ich unsicher, während der den modernen Scheiterhaufen filmt und laut fluchend in sein Handy brüllt, dass der dämliche Kundenberater endlich die verkackte Telefonnummer an seinen beschissenen neuen Anschluss portieren soll.

Jesus tippt sich auf die Brust. »Und ich bin hier der Radikale, ja?«

Okay. Punkt für Jesus.

»Frag doch Alexa«, schlägt Trixi vor. Das lässt sich Jesus nicht zweimal sagen. Eigentlich wollten wir keine Abhöranlage bei uns in der Wohnung, aber Jesus ist so interessiert an all der neuen Technik und dann war das Ding im Angebot und na ja. Jetzt ist es halt da und was soll ich sagen. Jesus liebt Alexa.

»Alexa, wer ist der Radikalste im ganzen Land?«

»Das weiß ich leider nicht«, ertönt es aus unseren Lautsprechern. Schade, war einen Versuch wert.

Martin kommt wieder ins Wohnzimmer und schließt die Tür. Gemeinsam schauen wir dem Router beim Verbrennen zu.

»Dir ist schon klar, dass deine Bücherverbrennungen vor 500 Jahren auch nicht soooo erfolgreich waren?«, frage ich Martin vorsichtig. Aber der zuckt nur mit den Schultern.

»Das musste jetzt sein!«

»Gut!«, sagt Trixi und klatscht in die Hände, »was haltet ihr von einer zweiten Runde ›Diskriminator‹?«

Wir sind alle einverstanden und Martin baut das Spiel wieder auf. Ich ziehe eine neue Startkarte.

»Der unsportlichste Spieler fängt an!«, lese ich laut vor.

»Klasse Manasse!«, sagt Jesus und beginnt zu würfeln.

Meterbier

»Ehrlich, ich sag euch: mit der Kirche ist es wie mit dem Bier! BÄM!« Jesus haut auf den Tisch und schaut uns herausfordernd an.

Es ist Freitagabend, wir vier haben einen kleinen WG-Ausflug in einen Irish-Pub gemacht und sitzen vor einem Meter Bier. Also vor elf Mal 0,2 l Bieren – auf einem einen Meter langen Brett serviert. Ehrlicherweise ist es auch schon unser zweiter Meter. Was für Trixi und mich durchaus problematisch ist. Denn wie sich schon mehrfach gezeigt hat, können Jesus und Martin bechern ohne Ende – ohne auch nur ansatzweise ihren Promillewert zu steigern.

»Kleine himmlische Annehmlichkeit«, hat mir Martin dann verraten. »Wir trinken einfach nur noch aus Genuss. Ohne Rausch und ohne Kater. Geil, wa?«

Ja. Super. Außer dass Trixi und ich halt noch nicht in diese himmlischen Vorzüge gekommen sind und echt aufpassen müssen, von den beiden nicht bei jedem Kneipenbesuch völlig unter den Tisch gesoffen zu werden.

»Also«, nehme ich den Faden von Jesus auf, »warum ist es mit der Kirche wie mit dem Bier?«

Jesus Augen funkeln. Er ist schon den ganzen Abend voller Energie und Ideen. Und das, obwohl es eigentlich die ganze Zeit um ein klassisches Reizthema geht: die heutige Kirche. Für Martin und Jesus sind das regelmäßig Schockerlebnisse. Ich weiß noch, als Jesus aus seinem ersten Gottesdienst nach Hause kam. Zitternd, ungläubig, sprachlos. Er ist dann erst mal für ein paar Stunden spazieren gegangen, um seine Erlebnisse mit Gott in Ruhe zu besprechen. Eigentlich wollte er auf einen Berg für seine göttliche Primetime. Gab nur leider keinen in der Nähe. Spaziergänge scheinen aber auch zu funktionieren.

Jesus zieht den Meter Bier zu sich und schaut uns hochkonzentriert an.

»Jonas, was haben wir hier?«

»Bier«

»Was für ein Bier?«

»Pils«

»Wie viele?«

»Elf Gläser«

»Richtig. Was ist dein Lieblingsbier, Jonas?«

Ich denke kurz nach. »Ähm, Astra Kiezmische!«

Jesus nickt. »Und von euch beiden, Trixi und Martin?«

Trixi sagt, dass ihr irgendwas Helles aus Bayern immer gut schmeckt, Martin mag am liebsten Schwarzbier.

»Ihr mögt also ein Radler, ein Helles und ein Dunkles. Aber wir trinken hier alle zusammen das gleiche Pils. Wieso machen wir das?«

»Weil der Meter einfach Stil hat!«, ruft Trixi etwas zu laut. Ich denke mir, dass das wohl genug Bier für heute war, und rufe mindestens genauso unangemessen laut: »Weil's billiger war!«

»Und was hat das jetzt mit der Kirche zu tun?«, fragt Martin. Jesus schiebt den Meter Bier wieder in die Mitte des Tisches, Trixi und ich nehmen uns gleich ein neues Glas. Dann sagt er: »Mit der Kirche ist es wie dem Bier hier. Viel zu häufig trinken die Leute irgendein Pils, obwohl es gar nicht ihr Lieblingsbier ist. Und nach allem, was ich bislang gesehen habe, ist das mit der Kirche sehr ähnlich.«

»Du meinst, die Kirche verkauft quasi ein Einheits-Pils für alle?«, frage ich nach. Ich kann mir so langsam denken, wohin die Reise geht. Jesus hat schon mehrfach durchblicken lassen, dass ihm die Kirche nicht vielfältig genug ist.

»Ja, genau!«, pflichtet er mir dann auch sofort bei. »Aber es geht noch weiter. Die Leute sollen nicht nur das Bier trinken, was sie am liebsten mögen, sondern müssen manchmal auch erst auf den Bier-Geschmack kommen. Versteht ihr, manche mögen kein Bier, weil sie denken, dass Bier gleich Pils ist. Und genauso ist das mit der Kirche heute auch!«

»Aha«, sagt Trixi. »Du meinst also, die Kirche muss auch anfangen, ihr ›Bier‹ in viel mehr Varianten anzubieten?« Jesus nickt euphorisch und Martin haut definitiv zu kräftig mit der Faust auf den Tisch. Der Meter Bier macht einen kleinen Satz. Dann steht Martin auf und ruft laut:

»Wir – brauchen – eine – Craft – Bier – Kirche!«

»Hallelujah!«, brüllt Trixi.

»Sing Hallelujah!«, kreischen ein paar Mädels aus der hinteren Kneipenecke zurück.

»Preist den Herrn!«, schmettert Martin inbrünstig.

»Psst!«, mäßigt uns Jesus. Ich muss schmunzeln. Stimmung wie Sonntagsmorgen um 10 im Gottesdienst hier. Nicht.

Jesus schnippt mit den Fingern, um unsere volle Aufmerksamkeit wieder zurückzubekommen. »Hier spielt die Musik, ihr drei! Also, an sich hat Martin recht: Wir brauchen eine Craft-Bier-Kirche. Und das heißt: Statt Einheitspils gibt's halt geil viele Geschmacksrichtungen!«

Ich nicke. Finde ich gut. Habe ich mir gleich mal als Idee für einen Blog-Beitrag gemerkt. Aber Jesus ist nicht der Einzige mit guten Ideen! Und nach zwei Metern Bier habe ich ein gutes Gefühl, jetzt auch mal eine meiner Ideen zu präsentieren.

»Ich habe da auch eine Idee«, beginne ich.

»Auch zur Kirche?«, fragt Trixi skeptisch, während Martin der Bedienung andeutet, dass wir noch einen Meter benötigen. Er hat gut trinken, seine Leber muss das ja nicht mehr verarbeiten.

»Nein, ich habe eine Buchidee!«

»Ich weiß nicht, ob du ein Buch schreiben solltest, Jonas«, wendet Martin ein. »Überlass das mal lieber denen, die das können. Leuten wie mir oder Jesus.«

»Puh, ich komme da immer noch auf keinen grünen Ast mit dem Schreiben«, gibt Jesus ehrlich und mit deutlicher Frustration zu.

»Kommt das eigentlich in dein neues Evangelium, Jesus? Also das mit der Craft-Bier-Kirche?«, fragt Trixi.

Jesus nickt. »Jo, ich denk schon. Das wird aber ein dickes Kapitel. Es gibt einfach mega viel zur Kirche heute zu sagen.«

»Gut, hau mal raus, worüber du noch in dem Kapitel über die Kirche schreiben willst«, lässt Trixi nicht locker, während der dritte Meter den Weg an unseren Tisch findet.

Jesus schüttelt energisch mit dem Kopf. »Nein, nein, nein. Das könnt ihr dann lesen, wenn es fertig ist. Falls ich überhaupt irgendwann mal so richtig ins Schreiben komme. Egal. Ich gehe mal für große Göttersöhne.«

Jesus steht auf und verschwindet Richtung WC.

Bittend schauen Trixi und ich Martin an. Der überlegt kurz, vergewissert sich, dass Jesus wirklich auf dem WC ist, und sagt dann: »Okay, ich konnte vor Kurzem ein wenig in den Notizen von Jesus blättern. Fragt schnell und ich versuche kurz und knapp zu berichten, was Jesus sich bislang überlegt hat. Aber wehe ihr verratet mich!«

Als ob wir das jemals machen würden. Gut, jetzt gilt's. Ähm. Zwei Meter früher wär das alles auch einfacher gewesen. Egal. Also. Puh.

»Kirchensteuer!«, haut Trixi raus.

»Oh, spannendes Thema!«, antwortet Martin. »Was ich sagen kann: Jesus wünscht sich das insgesamt flexibler und transparenter. Nächstes Thema!«

»Predigt!«, schlage ich vor.

Martin wackelt unbeholfen mit dem Oberkörper. »Heißes Eisen. Ihr habt das ja schon mitbekommen mit Jesus, oder nicht?«

Ja, das haben wir. Als wir mit den beiden zum ersten Mal gemeinsam im Gottesdienst waren. Na ja. Jesus war schon sehr verwundert, dass es in der Predigt um so ziemlich alles, nur nicht um ihn ging. Inzwischen hat er sich aber, glaube ich, daran gewöhnt und nutzt die Predigten dann immer zum stillen Gebet, manchmal liest er auch einfach währenddessen Spiegel Online.

»Gemeinde!«, wirft Trixi als nächstes Thema ein.

»Das ist einfach«, antwortet Martin. »Jesus wünscht sich eine Art Doppelstrategie aus Verkündigung und Diakonie.«

»Das heißt?«, frage ich nach.

»Na ja, in den Gemeinden soll mit Leidenschaft von Gott erzählt werden und mit nicht weniger Leidenschaft Hilfsbedürftigen geholfen werden. Und wenn ihr auch meine Meinung wissen wollt: Ich bin für eine ganz klare Konzentrierung auf den einmal in der Woche stattfindenden Gottesdienst.«

»Egal welcher Tag und welche Uhrzeit, Martin?«, fragt Trixi.

»Völlig egal. Wichtig ist mir nur, dass dieser Gottesdienst quasi wie das Aufladen vom Smartphone in der Nacht ist. Danach sind die Akkus voll und dann geht's die Woche raus in die Welt. Oh, Achtung, er kommt zurück!«

Jesus lässt sich mit viel Schwung wieder auf seinen Stuhl fallen. »Na, habe ich was verpasst?«

Aber noch bevor wir lügen müssen, rettet uns ein Musiker, der die äußerst beengte Bühne des kleinen Pubs betritt. Es gibt Musik! Yeah!

»Apro…«, setze ich an, um meine Buchidee jetzt endlich vorzustellen, aber Jesus unterbricht mich. Na ja, dann halt nicht.

»Prost! Auf den wunderbaren Abend! Jünger kommen wir nicht mehr zusammen!«, sagt Jesus und wir stoßen mit unserem Einheitspils an.

Die Gläser klirren und die ersten Akkorde schwirren durch den Raum. Es läuft, natürlich, » *Wonderwall*«. Die Musik in Irish Pubs ist manchmal auch genauso abwechslungsreich wie bei uns im Gottesdienst.

»Dafür sind die Leute betrunkener und merken das meistens nicht«, antwortet Jesus, der mal wieder ungebetenerweise mitgehört hat. Dann sollten wir mit dem Abendmahlswein vielleicht einfach direkt am Eingang beginnen, überlege ich. Jesus lächelt über meine Gedanken, aber schüttelt doch vehement den Kopf. Spielverderber!

»Übrigens habe ich eben auf Klo deinen Blog-Beitrag über die Orgel gelesen, Jonas«, schreit mir Jesus gegen die inzwischen Trommelfell zerstörend laute Musik ins Ohr.

»Und?«, schreie ich zurück.

»Finde ich lustig! Aber stimmt das wirklich, dass es in Kirchen höchstens 16 Grad haben soll, damit die Orgel sich wohlfühlt?«

Ich nicke. Jesus schmunzelt und brüllt mir ins Gesicht: »Sehr gut. Habe mir schon einen Spruch fürs neue Evangelium überlegt: ›Ich gebe euch ein neues Gebot: Friert beieinander! Ihr sollt beieinander so frieren, wie auch ich beim Orgelhören gefroren habe.‹«

Ich gebe Jesus ein Offline-Gefällt-mir (Daumen hoch) und lehne mich zurück. Für Diskussionen und Gespräche ist es jetzt eh zu laut.

Ich schaue mich im Pub um. Schon verrückt. Ich meine: Wer hätte gedacht, dass wir einmal dem Sohn Gottes zusehen, wie er lauthals »*cause maybeeee, you're gonna be the one that saves meeee*« durch einen Irish Pub grölt. In der linken Hand sein Pils, den rechten Arm über Martins Schulter gelegt. Ich muss mich echt um den Termin beim Therapeuten kümmern. Und um die Supervision.

»Das ist ein Abend«, sagt Trixi lachend, als wir einige Stunden später auf dem Weg zur Bahn nach Hause sind. Kurz vor der Station haben wir noch zwei Punks getroffen, die Gitarre spielend vor den Fahrkartenautomaten saßen. Tja. Es hat nicht lange gedauert und Jesus saß neben den beiden, schnappte sich die Gitarre und jetzt singt Martin zur Melodie von »Eine neue

Liebe ist wie ein neues Leben« lauthals: »Eine neue Bibel ist wie ein neues Leben!«

Und ich gröle, musikalisch hochgebildet wie ich bin, »Shalalalala« dazu.

»Jesus«, ruft Trixi, »spiel mal was von David Guetta!«

»Neee! Gib mir guten deutschen Hip-Hop!«, brüllt Martin.

»Warum schreit ihr eigentlich die ganze Zeit?«, will einer der Punks wissen.

»Irish Pub«, erkläre ich ihm und er versteht.

»Illegale Hobbys! Illegale Hobbys! Alle meine Freunde haben illegale Hobbys!«, rappt Martin auch ohne dass Jesus seinem Musikwunsch nachgekommen ist.

»Habt ihr eigentlich 'ne Bibel?«, fragt Jesus auf einmal die Punks. Die beiden kichern. »Ne du. Wir hatten mal eine, aber die war innerhalb weniger Tage völlig dahin.«

Jesus legt die Stirn in Falten und sagt zu mir: »Du musst doch noch mal dieser Bibelgesellschaft wegen deiner Outdoor-Bibel-Idee schreiben. Es gibt echt keine Bibel auf dem Markt für Menschen, die auf der Straße leben.«

»Ist notiert, Chef!«, sage ich und hoffe, dass ich mich nach all den Metern Bier morgen auch wirklich noch dran erinnern werde.

Mit »Shit, unsere Bahn ist da!«, beendet Trixi die kleine Nachtmusik. Wir rennen gemeinsam die Treppe hinunter auf den Bahnsteig und können uns gerade eben noch durch die sich schließenden Türen zwängen.

»Haha, guck mal. Da bist du«, sagt Martin zu Jesus.

»Was?«

»Was steht in Johannes 10,9?«

»Was weiß ich?«

»Punkt für mich«, stellt Martin fest. Das mit dem Bibelstellenraten ist einfach nichts für Jesus.

»Da steht, dass du gesagt hast ›Ich bin die Tür‹«, klärt Trixi Jesus auf.

»Sehr witzig. Ich lach mich tot«, kommt von Jesus humorbefreit.

Aber wo wir schon mal dabei sind, kann ich Jesus eigentlich auch gleich mal was fragen. »Du Jesus, wie war das gemeint, als du gesagt hast: ›Wer nur Glauben in der Größe eines kleinen Korns hat, der kann zu einem Baum sagen, dass er sich ins Meer verpflanzen soll. Und der tut das‹?«

»Na ja, auf jeden Fall halt nicht wörtlich, das ist ja wohl klar, oder? Ich bin ja auch nicht die Tür. Ich wollte mit diesem Korn-Glauben-Vergleich nur sagen, dass der Glaube halt echt krasse Dinge vollbringen kann.«

»Das ist manchmal nicht leicht zu verstehen, wann du was wortwörtlich meinst«, gibt Trixi zu Bedenken.

»Und wieso ist es so schwer zu unterscheiden, wann es um historische Fakten rund um mein Leben geht und wann ich in Bildern gesprochen habe, um das mit Gott zu erklären?«

»Mach einfach beim neuen Evangelium irgendeine klare Anmerkung. Kursiv ist 'ne Geschichte und normal ist bildlich gemeint. Oder irgendwie so.«

Jesus rümpft die Nase. »Ich werde drüber nachdenken.«

Martins Handy vibriert. »Ah, der Papst hat mir per Mail auf meinen Brief geantwortet! Krass digitalisiert!«

»Und, was schreibt er?«, will ich wissen.

»Er schreibt, dass er mir nur inhaltlich antwortet, wenn ich meine wahre Identität preisgebe. Abgesehen davon habe er aber auch schon beim ersten Durchsehen eklatante theologische Mängel in meiner Argumentation entdecken können. Ich glaube, die spinnen, die Vatikaner!«

Jesus grinst in sich hinein.

»Was gibt's denn da zu grinsen?«

»Er hat recht. Deine Argumentation war wirklich theologisch nicht sauber«, verteidigt Jesus den Papst.

»Als ob du Ahnung von Theologie hättest!«

Ich schaue Trixi an und wir beide lächeln. Manchmal hat es schon was Komisches mit den beiden.

»Und, was steht bei dir am Wochenende an?«, frage ich Trixi.

»Ach, ganz normal. Am Samstag habe ich meine Konfis und am Sonntag ist bei uns in der Gemeinde Familiengottesdienst. Und bei dir?«

»Ich muss neue Pflanzen kaufen gehen. Jesus hat doch seit Kurzem wieder seine alte Angewohnheit, dass er immer, wenn er Hunger hat, Pflanzen beleidigt und die dann innerhalb kürzester Zeit eingehen. Wenn er eines Tages einen Job findet, werde ich ihm die Pflanzen aber alle in Rechnung stellen!«

»Das glaubst auch nur du«, mischt sich Jesus in unser Gespräch ein.

»Tja«, sage ich überlegen, »aber wenn du wüsstest, wie sehr ich das glaube – ich würde mir an deiner Stelle Sorgen machen!«

»Punkt für Jonas«, murmelt Martin schon halb schlafend.

Jesus grummelt: »Ach, ihr könnt mich mit euren Punkten mal gern haben. Und überhaupt, nur dass ihr Bescheid wisst: Die Ersten werden die Letzten und die Letzten werden die Ersten sein!«

Ja, gut, denke ich mir. Ich lass das jetzt einfach mal so stehen. Wenn Jesus das glaubt, wird's schon stimmen. Auch wenn mein Gefühl mir sagt, dass der FC Bayern München jetzt zum Beispiel nie Letzter in der Bundesliga sein wird. Aber vielleicht stimmt da ja auch einfach nur was mit meinem Gefühl nicht.

»Exakt«, flüstert Jesus mit geschlossenen Augen.

»Musst du eigentlich immer das letzte Wort haben?«, frage ich.

»Er ist doch das Wort«, flüstert Martin augenzwinkernd.

»Ich bin, der ich bin«, sagt Jesus mit einem Lächeln im Gesicht und beginnt kurz darauf leise zu schnarchen. Und wenn mich nicht alles täuscht, dann schnarcht er sogar eine Melodie. Zumindest läuft in meinem Kopf in Dauerschleife: »‹cause may-beeee, you're gonna be the one that saves meeee!«

Adam sucht Eva

»Jesus guckt schon wieder Pornos«, mault Martin und schließt die Küchentür hinter sich.

»Gut, dass du da bist«, sage ich. »Du kannst schon mal den Tisch decken, das Essen ist gleich fertig.«

»Also ich find's ja nicht okay, dass Jesus solche Schmuddelsachen guckt. Wenn das sein Vater erfährt!«

Ich drücke Martin vier Teller, Gabeln und Messer in die Hand. »Rüber mit dir, Tisch decken!«

»Guckt Jesus schon wieder diese dämliche Datingshow?«, fragt Trixi. Ich nicke. Jesus hat vor ein paar Tagen bei TVNOW »Adam sucht Eva. Gestrandet im Paradies« gefunden. Da wollte er natürlich wissen, was sich hinter dem Titel verbirgt. Na ja. Jetzt guckt er nackten Menschen beim Daten auf irgendeiner Südseeinsel zu. Ich bin mir auch nicht so sicher, ob das seinem Vater so gefällt.

Trixi und ich bringen das Essen rüber ins Esszimmer. Es gibt von ihr selbst gemachte Burger. *Best in Town. Really!*

»Alexa, mach den Fernseher aus«, ruft die von mir ernannte Burger-Königin.

»Hey!«, beschwert sich Jesus.

»Runter vom Sofa, Essen ist fertig, komm ran hier«, raunzt Martin ihn an. Widerwillig setzt sich Jesus zu uns.

»Tischgebet?«, frage ich.

»Ach, danken wir jetzt wieder Gott dafür, dass ich euch Essen gemacht habe?«, merkt Trixi spitzfindig an.

Martin grinst und ergänzt: »Wir können ja Gott dafür danken, dass er durch dich so wunderbare Burger zubereitet hat.«

Jesus schüttelt den Kopf und sagt: »So, genug der Gotteslästerung für heute. Jeder schickt jetzt gedanklich ein »Gefällt mir« an meinen Vater und dann heißt es: guten Appetit und vielen Dank für's Kochen, Trixi!«

Am Anfang waren wir sehr gespannt, wie das mit Jesus und dem Essen so sein wird. Inzwischen können wir festhalten: Er steht auf einfach – aber genussvoll. Martin ist dagegen bei Masse statt Klasse. Tönnies-Massentierhaltungs-Fleisch? Für Martin kein Grund, nicht mit der Gabel zu zucken. Wir sind aber auch froh, dass Jesus wiederum weder der krasse Öko-Freak ist noch ein argentinisches Ich-bilde-mir-was-drauf-ein-Rind benötigt.

»Wie ist das eigentlich im Himmel und dem Essen?«, frage ich Jesus ernsthaft interessiert zwischen Burger und Süßkartoffelpommes hindurch.

»Ausgezeichnet!«, antwortet er mit vollem Mund.

»Das heißt?«

»Wir haben Appetit, aber nie Hunger. Bombe, wa? Und was ich noch sagen wollte: Ich liebe deine Burger, Trixi! Einfach göttlich! Gibt's die nächste Woche wieder?«

»Also erst mal: danke!«, antwortet Trixi. »Aber wieso muss ich hier eigentlich immer kochen? Und hast du nicht im alten Evangelium gesagt, dass wir uns keine Sorgen darüber machen sollen, was wir essen und trinken werden?«

»Punkt für Trixi«, stellt Martin fest und schaufelt sich den nächsten Burger auf seinen Teller.

»Ihr immer mit eurem Bibelwissen, das ist ja voll anstrengend«, schmatzt Jesus zurück. »Und überhaupt: Ja, keine Sorgen machen ist schon richtig. Aber sich auf 'nen geilen Burger freuen? Das wird ja wohl drin sein!«

Wir drei stimmen zu. Bleibt dann nur die Frage, wie das mit Jesus und den Vegetariern eigentlich ist. Aber die Diskussion müssen wir ohne Martin führen. Was der schon für Brandbriefe an die Hersteller von vegetarischem Fleischersatz geschrieben hat ... Wenn ich mich richtig erinnere, dann darf er sich auch deutschlandweit allen Geschäftsstellen von Tofu-Herstellern nur noch maximal auf tausend Meter nähern.

»Will noch jemand, oder kann ich den letzten Burger haben?«, fragt uns Martin. Wir lehnen dankend ab und schauen ihm beim Schaufeln weiter zu.

»Du, Jesus«, beginnt Trixi ein heikles Thema, »Jonas und ich haben uns vor Kurzem gefragt: Wieso steht eigentlich nichts im alten Evangelium über dich und die Frauen?«

Jesus sieht uns leicht belustigt an. Vermutlich weiß er schon seit Tagen, dass die Frage auf ihn zukommen wird. Was unfair ist, denn das bedeutet: Er ist gut vorbereitet. Aber im Ernst: Er guckt »Adam sucht Eva«, wir haben auf seinem Handy die Dating-App Tinder entdeckt – und überhaupt: Schon Dan Brown wusste doch, dass der Vatikan uns seit 2000 Jahren die Frauengeschichten von Jesus verheimlicht!

»Da steht nichts über mich und die Frauen, weil es nicht relevant für die Botschaft war und ist«, antwortet Jesus. »Es fehlen doch insgesamt super viele Informationen über mich. Es steht ja auch im alten Evangelium zum Beispiel nicht, dass ich gerne Haselnusscreme zum Frühstück esse.«

Trixi ist mit der Antwort von Jesus sichtlich unzufrieden. »Ja, aber Jesus, solche Infos machen dich viel ... verständlicher!«

»Wenn man weiß, dass ich gerne Nutella esse?«

»Nein, aber in den alten Evangelien, das ist immer so ... Wunder, Rede, Wunder, Rede, Kreuz, tot, wieder da, wieder weg – aber wie ging es dir bei all den Dingen, Jesus? Wie sah dein Alltag aus? Was war dein Lieblingsessen?«

»Neuerdings? Deine Burger!«

»Im Ernst!«

Jesus überlegt kurz und antwortet dann ruhig: »Ich habe nicht entschieden, was wie in der Bibel aufgeschrieben wurde. Ich habe getan, was ich tun musste. Der Rest lag und liegt dann in der Hand der nachfolgenden Christen. Manche Dinge habe ich gesagt und sie sind nicht aufgeschrieben worden. Andere Dinge habe ich gesagt und sie sind in zig Varianten aufgeschrieben worden. Aber ganz ehrlich: Manche Reden habe ich selbst ja auch x-fach gehalten. Da gibt's gar kein O-Ton Jesus. Aber auch deshalb bin ich ja jetzt wieder da. Ich muss manches klarstellen und manches ergänzen.«

Hmm, denke ich mir. War die Frage nicht eigentlich, was mit den Frauen war? Geschickte Antwort. Vielleicht hätte Jesus doch Politiker werden sollen.

Jesus grinst mich an. »Also?«, sage ich laut, aber Jesus schweigt.

»Ich glaube, dir hätte eine Frau gutgetan«, stellt Trixi als These in den Raum.

»Wieso das denn?«, fragt Jesus.

»Dann wäre das alles nicht so männerlastig geworden. Ich meine: Warum war unter deinen zwölf Jüngern keine Frau? Hmm? Oder: Wieso bist du nicht weiblich? Oder Gott?«

»Dit wär aber ne sprachjewaltige Bibel jeworden«, berlinert Martin mehr schlecht als recht. Jesus schweigt.

»Und überhaupt«, fährt Trixi fort, nun durchaus in Rage: »Was ich mir für das neue Evangelium wünsche, ist eine Entschuldigung! So ein ›Ja, sorry, wir Männer haben Scheiße gebaut die letzten 2000 Jahre.‹ Punkt.«

Martin schüttelt vehement mit dem Kopf. »Das geht mir jetzt aber schon ein wenig weit, mein lieber Frau Gesangsverein!«

»Du hältst da mal schön dein vorlautes Mundwerk, Martin!«, keift Trixi ihn an. »Also, Jesus?«

»Ja, das ist nicht gut geplant gewesen, und ja: Wir Männer haben echt richtig Scheiße gebaut«, gibt dieser zu. Na immerhin, denke ich mir.

»Ähm Jesus, wo wir bei dem Thema sind. Könnten wir ganz kurz klären: Ist Gott nun eine Frau oder ein Mann?«, versuche ich dennoch das Thema langsam in ruhigere Gewässer zu manövrieren.

»Männlich, weiblich, das sind doch alles biologische Kategorien.«

»Und wie steht es eigentlich um die Kategorie Nachtisch?«, beteiligt sich Martin inhaltsschwer an der Diskussion.

»Steht in der Küche«, antwortet Trixi knapp.

»Und, holst du ihn rüber?«

»Martin, ich bin hier nicht deine Bedienstete!«, zischt Trixi ihn an. Der schüttelt den Kopf und murmelt vor sich hin, dass es das unter Käthe nicht gegeben hätte.

»Also hattest du nie eine richtige Beziehung, Jesus?«, hake ich nach.

»Wenn du eine Liebesbeziehung meinst: nein.«

»Hättest du gerne?«, fragt Trixi sehr direkt.

Ich schaue Jesus an. Jetzt würde *ich* gerne seine Gedanken lesen. Er schweigt. Wiegt mit dem Kopf hin und her. Die Lippen zusammengekniffen. Schließlich nickt er.

»Natürlich. Aber ich, ich, also …« Jesus verstummt, als Martin mit einer großen Schüssel Götterspeise zurückkommt und sie vor sich abstellt.

»Sag mal Trixi, warum hast du denn nur für mich eine Portion gemacht?«

»Sehr witzig.«

»Redet ihr immer noch über Frauen oder warum guckt der Jesus so?«, fragt uns Martin und stochert mit seiner Gabel vom Burger-Essen in der großen Schüssel Götterspeise herum.

»Okay, jetzt ist es wirklich deine Portion«, sage ich angeekelt.

Martin grinst Jesus an und klopft ihm auf die Schulter. »Jaja, nicht leicht, wenn man bei den Frauen nicht so gut ankommt, wa?«

Jesus schüttelt den Kopf. »Darum geht es nicht.«

»Worum dann?«

»Na ja, wie du weißt: Es gibt Menschen, die sind einfach nicht beziehungsfähig. Manche von Geburt an, andere wurden von anderen Menschen dazu gebracht. Aber es gibt auch diejenigen, die sich freiwillig entscheiden, keine Beziehung zu führen.«

Martin löffelt sich genussvoll die Götterspeise in den Mund. »Jo, unsere Priesterbros!«

»Ja, die machen das im Prinzip wie ich damals«, stimmt Jesus zu.

»Aber«, wende ich skeptisch ein, »da hat sich doch gezeigt, dass das eine – entschuldige bitte – scheiß Idee ist …«

»Ne, die Idee ist nicht schlecht!«, entgegnet Jesus. »Ein striktes Daran-Festhalten, das ist ein Problem. Beziehungsweise dass das zwingend für alle Priester gilt. Aber die Sache an sich … die ist nicht schlecht!«

»Sagst du und guckst dir diesen ›Adam sucht Eva‹-Mist an?«, frage ich skeptisch.

»Und wieso bist du bei Tinder?«, hakt Trixi nach.

Jesus verschluckt sich. »Was habt ihr an meinem Handy zu suchen?«

Was hast du in meinem Kopf zu suchen, denke ich zurück.

»Argument«, sagt Jesus.

Ich weiß, denke ich.

»Recherchearbeit«, antwortet Jesus wenig überzeugend. »Für mein neues Evangelium«.

»Na sichi«, sage ich und zwinkere Jesus zu.

»Hier wird nicht zurückgezwinkert, bevor Jesus endlich mit uns über seine Tinder-Aktivitäten spricht!«, weist Trixi mich zurecht und blickt Jesus herausfordernd an. Der lächelt aber nur und sagt: »Niemand hat die Absicht, ein Gespräch zu führen.«

»Was so auf jeden Fall nicht stimmt«, korrigiert Trixi den Sohn Gottes. Sieht dann aber ein, dass wir zumindest für heute wohl nicht mehr aus ihm herausbekommen. Na ja, Jesus wird sein Handy schon noch mal unbeaufsichtigt herumliegen lassen.

»Ich warne dich!«, sagt Jesus in meine Richtung. Ich zwinkere ihm zu.

Fun Fact am Rande: Wir haben vor einiger Zeit per Zufall festgestellt, dass der Fingerabdruck von Jesus identisch mit anscheinend jedem anderen ist. Zumindest können Trixi, Martin und ich sein Handy jeweils mit unserem Fingerabdruck entsperren. Doof für Jesus. Gut für uns. Und biologisch sicherlich höchst interessant!

»So ihr drei, genug gegessen. Was haltet ihr davon, wenn wir heute ein wenig im Garten werkeln?«, schlägt Trixi vor.

»Ähm, ich muss noch arbeiten«, wiegele ich ab.

»Solange ich keinen Apfelbaum pflanzen muss«, sagt Martin.

»Ne du«, lehnt Jesus dankend ab. »Ich mach mir die Hände nicht so gerne schmutzig und vor allem hasse ich Dreck unter den Nägeln.«

»Dann gehst du halt mal nicht nur zur Pediküre, sondern auch zur Maniküre«, schlage ich vor, aber Jesus lässt sich nicht überzeugen.

Martin lacht laut. »Du gehst zur Pediküre? Kein Wunder, dass das mit den Frauen nicht klappt!«

»Hör mal«, sagt Jesus zu Martin, »ja, das ist ein Tick von mir. Aber wir hatten damals unter den Jüngern so 'ne Abmachung mit gegenseitiger Fußwaschung.«

Martin, Trixi und ich verziehen das Gesicht.

»Ja, war nicht die beste meiner Ideen«, gibt Jesus zu. »Aber wasch du mal deinen engsten Freunden die Füße – eins sag ich dir: Ab dem Zeitpunkt haben alle meine Fußwaschfreunde zu jedem Geburtstag nur noch Gutscheine für Pediküre bekommen!«

Jesus schüttelt sich und auch mir läuft eine Gänsehaut kalt den Rücken runter. Nichts gegen meine Freunde. Aber ich wäre jetzt auch überschaubar scharf darauf, denen die Füße zu waschen.

»Ach, das wird doch alles überbewertet mit dem Waschen und Putzen«, sagt Martin, während er die letzten Reste aus der Schüssel kratzt.

»Sehr gut, dass du das ansprichst, Martin«, greift Trixi die Steilvorlage auf. »Ich ermahne dich zum letzten Mal: Wenn du heute nicht duschen gehst, werden wir uns Konsequenzen überlegen müssen! Und: Heute Abend werden wir beide, Martin, alle Bäder putzen. Du bist nämlich schon wieder dran und hast nichts gemacht!«

Martin guckt beleidigt und Jesus versucht möglichst unauffällig seine neue Smartwatch zu begutachten. Er weiß, dass er beim Putzen auch nicht gerade ein Vorbild ist.

Und ja, Jesus hat jetzt auch eine Smartwach. Trixi und ich haben sie ihm zum Trost gekauft, weil er erst einen echt harten Shitstorm auf Twitter erleben musste und dann wurde sein Account auch noch vorläufig gesperrt.

Der Shitstorm ging übrigens los, als Jesus ein paar Vorschläge gepostet hatte, wie er die Kirche verändern würde. Junge, Junge, da brachen aber alle Dämme der Twitter-Theologen! Na ja, auf jeden Fall hat er dann halt von uns eine Smartwatch bekommen und seitdem vergleicht er besonders gerne seine tägliche Schrittanzahl mit seinen Followern. Habe ihn auch schon mehrfach beim Mogeln erwischt. Dann liegt er abends vor'm Fernseher und wedelt eifrig mit dem Arm durch die Luft.

Zitat: »Guck mal, wie smart meine Uhr ist! Sie denkt, ich laufe gerade meinen zweiten Marathon am Stück!«

Es klingelt an der Tür. Amazon. Ein Paket für Jesus.

»Und was ist drin?«, frage ich neugierig.

»Mein neues Stirnband!«

»Sexy!«

»Ja, aber was soll ich machen? Mir ist draußen einfach immer zu kalt und die Mütze macht meine Frisur kaputt …«

Trixi deutet zwei Anführungszeichen an und flüstert deutlich hörbar: »Frisur«.

Ich schaue mir das Stirnband von Jesus genauer an. »Boah! Modisch ist das mit dir echt 'ne Herausforderung! Sag mal, was trägt man eigentlich im Himmel für Kleidung?«

Martin grunzt komisch und Jesus antwortet: »Was du willst. Aber tatsächlich tragen die meisten Jogginghose und Kapuzenpulli. Ist einfach am bequemsten.«

»Oha!«, rufe ich laut aus. »Wenn das der Lagerfeld wüsste!«

»Wer?«, fragt Martin.

»Na, Karl Lagerfeld, der Designer-Heini«, sage ich.

Aber Jesus winkt nur ab. »Karl ist da super entspannt. Er musste sich am Anfang zwar etwas umgewöhnen, aber inzwischen trägt er selbst täglich Jogginghosen! Er hat sogar eine eigene Kollektion rausgebracht!«

Ich muss bei dem Gedanken lachen. Karl Lagerfeld in Jogginghosen. Sachen gibt's … Na ja, im Prinzip hat Jesus das ja schon damals festgestellt: »Was bei den Menschen unmöglich ist, das ist bei Gott möglich.«

Aber wenn der Lagerfeld im Himmel eine eigene Jogginghosen-Kollektion rausbringt? Dann scheint bei Gott wirklich *alles* möglich zu sein!

Die Haustürklingel reißt mich aus meinen Gedanken.

»Erwartet ihr jemanden?«, frage ich. Alle drei schütteln den Kopf.

Als ich die Tür öffne, steht dort Samuel, ein Freund von uns. Mit dem breitesten Grinsen aller Zeiten im Gesicht.

»Hast du gekifft?«, frage ich unsicher. Dann sehe ich, dass er nicht nur breit grinst, sondern zugleich auch offensichtlich vor Freude weint.

»Moin!«, sagt Jesus, der auf einmal hinter mir steht. »Alles klar bei dir, Samuel?«. Er nickt.

Dann fängt Jesus laut an zu schreien: »Scheiße man! Du bist durch! Es ist geschafft!«, und fällt Samuel um den Hals.

»Was ist los?«, fragt Trixi, die mit Martin an die Haustür gekommen ist. »Hat Jesus wieder neue Follower?« Aber dann sieht sie, mit wem Jesus gerade auf dem Kirchvorplatz einen Freudentanz aufführt. Und eine Zehntelsekunde später wird es auch mir klar: Samuel ist jetzt endlich offiziell Samuel. Und nicht mehr Antje. Oh man, das war kein leichter Weg.

»Kommt ihr beiden«, rufe ich dem neuen Traumpaar von *Let's Dance* zu. »Darauf müssen wir anstoßen!«.

»Danke, aber ich kann nicht«, antwortet Samuel. »Ich muss noch fahren und bin gleich mit meinen Eltern verabredet. Ich wollte es euch nur einfach so schnell wie möglich erzählen!«

»Ich freue mich echt wahnsinnig für dich«, gibt Jesus Samuel zum Abschied mit.

»Ich weiß«, antwortet dieser. Und geht jetzt noch breiter grinsend als eben zu seinem Auto.

Trixi und ich waren ehrlich gesagt sehr gespannt, was Jesus zu Samuel sagen würde. Die beiden haben sich schon vor längerer Zeit beim Football-Gucken bei uns getroffen und – dank Gedankenlesen und so – war Jesus schnell im Bilde. Na ja, was soll ich da groß erzählen? Was sagt Jesus Samuel als Allererstes? »Ein

Mensch sieht, was vor Augen ist. Aber ich sehe das Herz an. Und ich sehe, dass in dir ein Samuel-Herz schlägt.«

Punkt. Und ab dem Moment war alles geklärt. Nur der Staat hat eben noch ein wenig länger gebraucht. Und so manche Christen sind leider noch nicht mal losgefahren.

Na ja, wie gesagt: Wenn ich eins von Jesus bislang gelernt habe, dann, dass bei Gott wirklich alles möglich ist. Auch wenn ausgerechnet das mir so häufig unmöglich vorkommt.

Körperteil Blues

»Wie heißen Sie?«, fragt eine hochbetagte Seniorin Jesus zum wiederholten Male.

»JESUS!«, ruft dieser laut zurück.

»Aha. Und Sie sind jetzt der neue Pastor hier?«

»NEIN, ICH BIN NUR ZU BESUCH HIER!«

»Ach so. Und wer sind Sie?«

»ICH BIN DER MIT DER AUFERSTEHUNG!«

»Jaja, ich kann Sie auch verstehen. Wollen Sie noch einen Kaffee?«

»Gerne« sagt Jesus etwas zu leise.

»Bitte?«

»GERNE!«, brüllt er dieses Mal deutlich zu laut. Die zwanzig Seniorinnen (ja, es sind nur ältere Damen) am Tisch zucken zusammen und schauen den Neuling irritiert an.

»Sie müssen mich nicht anbrüllen, nur weil ich etwas schwerhörig bin. Langsam und deutlich sprechen reicht mir!«, wird Jesus belehrt. Läuft noch nicht so bei ihm mit der älteren Generation.

Ich sitze mit einem versteckten Grinsen da und beobachte amüsiert, wie Jesus sich mit den Seniorinnen unterhält. Oder müsste ich sagen: unterbrüllt? Vielleicht auch überbrüllt? Na ja, auf jeden Fall sehr unterhaltsam. Zumindest für mich.

Einmal im Monat besuche ich den Seniorentreff unserer Gemeinde. Es gibt leckeren Kuchen, wir singen für die Geburtstagskinder und ein paar Minuten sprechen wir auch über einen biblischen Text. Ach so, und natürlich am allerwichtigsten: Es gibt Eierlikör für alle – und zwar in Schoko-Shot-Bechern. Die Regel lautet: Es wird so lange nachgeschenkt, bis man seinen Schoko-Shot-Becher aufisst.

Kurz gesagt, ich liebe diese Seniorennachmittage und meistens schreibe ich danach die besten Predigten.

»Und wo kommen Sie eigentlich her?«, wird Jesus gefragt. Der schaut irritiert.

»Sie meinen ursprünglich?«

»Sind Sie auch ein Flüchtling?«

»Ähm ...«

»Dafür spricht er aber sehr gut deutsch!«

»Sie haben fleißig gelernt, oder?« Jesus wird getätschelt. Da steht er ja auch ganz besonders drauf.

»Wissen Sie, wir sind ja damals auch geflüchtet!«

Jesus schaut zu mir herüber. Tja, da muss er jetzt durch. Er wollte ja mal mitkommen. Finde ich aber auch gut. Denn worüber Jesus definitiv im neuen Evangelium schreiben sollte, ist irgendwas für ältere Menschen. Ich meine: Wie viele Reden hat er bislang für Rentner gehalten? *From Hero to Zero.* Exakt. Keine einzige.

»So meine Lieben«, erlöse ich Jesus aus seinen ersten Gesprächsversuchen, »unsere Hockergymnastik steht an!«

Begeistert erhebt sich die Runde und setzt sich gemächlich in Bewegung. Nebenan wartet der Stuhlkreis. Ist also eigentlich keine Hockergymnastik, sondern Stuhlgymnastik. Aber wir wollen mal nicht so kleinlich sein.

»Ja, Jesus – da machen wir auch mit«, sage ich, als der mich leicht zweifelnd anguckt.

»Du hast mir nicht gesagt, dass ihr hier Sport macht.«

»Du wirst es lieben!«

Jesus ist sich da sichtlich unsicher, aber setzt sich mit mir in den Stuhlkreis. Mir scheint, er ist noch nicht so ganz warm mit unserer Seniorenarbeit geworden. Da kommt ein wenig Bewegung doch gerade recht!

Ich lege meine Bluetooth-Box in die Mitte. »So, dann wollen wir mal. Wir haben ja einen Gast, der unsere Bewegungen noch nicht kennt. Also alle bitte sorgsam mitmachen.« Die Seniorinnen nicken lächelnd. Jesus dehnt sich unauffällig.

»Alle bereit?«, frage ich in die Runde. Ein Stuhlkreis. Zwanzig hochbetagte Damen mit einem Durchschnittsalter jenseits der achtzig. Und ein sichtlich beunruhigter Sohn Gottes. Alle bis auf Jesus nicken und rücken ganz nach vorne auf ihren Stühlen.

»Dann legen wir mal los!«, rufe ich laut aus und drücke in meiner »Hockergymnastik-Playlist« auf Play. Der »Körperteil Blues« beginnt und wir rocken das Ding.

»Das geht von Kopf bis Fuß, von Kopf bis Fuß, eine Hand zum Gruß und noch 'ne Hand zum Gruß. Wir machen winke, winke, winke, winke, winke, winke, winke, für den Körperteil Blues, für den Körperteil Blues.«

»JESUS«, brülle ich gegen die Bluetooth-Box an. Er schaut mich ausdruckslos an.

Ich winke ihm zu. »WIR MACHEN WINKE WINKE WINKE, JESUS!«

Jesus winkt mir unsicher zurück, und für einen Moment bin ich mir nicht sicher, ob er mir auch einen Mittelfinger zeigen möchte. Aber dann sieht er von mir weg durch die Runde. Eine Seniorin winkt ihm enthusiastisch zu. Jesus lächelt. Nein, er lacht. Kopfschüttelnd sieht er mich an und beginnt langsam die Bewegungen mitzumachen

Während der Körperteil-Blues in einen kurzen Instrumentalteil übergeht, versuche ich noch einmal alle zu motivieren: »Ihr Lieben, jetzt kommt das Finale!«

»Hey, Jonas!«, ruft Jesus mir zu.

»JA?«, will ich zurückschreien, aber da schreit er schon völlig enthemmt in die Runde: »JETZT SINGEN ALLE LAUT!«

Und ob du es glaubst oder nicht, da fangen meine (H)omi(e)s aber zu singen an. Mein lieber Mehmet Scholl! Da rutscht mir glatt das Handy aus der Hand.

»DAS KOMMT INS NEUE EVANGELIUM!«, brüllt mir ein völlig entfesselter Jesus entgegen, während er tanzt, als wäre er im Casting für den nächsten Highschool-Musical-Film.

Neben mir steht eine unserer gebrechlichsten Seniorinnen plötzlich auf und singt inbrünstig: »*Wir wackeln mit der Hüfte und zappeln mit dem Fuß. Der hängt unten am Bein, genau so soll es sein.*«

Ich schließe die Augen und sauge diesen Moment auf. Ich könnte heulen. Weil es so kurios, so ungewöhnlich, so … heilig ist. Ja, ich glaube, das trifft's: Das hier ist gerade ein heiliger Moment.

»HEY! HIER WIRD KEINE PAUSE GEMACHT!«, höre ich Jesus rufen. »WER IST BEI EINER ZWEITEN RUNDE DABEI?«

Zwanzig Arme schießen in altersangemessenem Tempo nach oben. Ich öffne die Augen und fahre mir ungläubig mit den

Händen durch die Haare. Das wird mir niemand glauben. Niemand.

Den Rest des Seniorentreffs bin ich faktisch abgemeldet. Hier dreht sich jetzt alles nur noch um Jesus. Wobei: Eigentlich dreht es sich gar nicht um Jesus. Sondern Jesus dreht sich um die Seniorinnen. Und nein, damit meine ich nicht, dass er um sie herumtanzt. Er ist einfach zu hundert Prozent bei ihnen. Mir ist das schon mehrfach aufgefallen. Ja, mag sein, dass er online nicht so gut ankommt. Und nein, er ist kein Sunnyboy. Keiner, der den Raum betritt und alle drehen sich um. Aber er schafft es, so ganz und gar bei dir zu sein.

Wenn er mit Kindern spielt, dann ist er ein Kind, und wenn er mit gebrechlichen und schwerhörigen Hochbetagten spricht – dann ist er einer von ihnen.

Nur bin ich dann eben direkt abgemeldet. So wie jetzt. Als Ausgleich esse ich meinen Schoko-Shot-Becher partout nicht auf. Ich bin mir allerdings nicht ganz sicher, wie viele Eierliköre für meine danach anstehende Predigtvorbereitung gut sind und ab wann der positive Effekt kippt. Na ja, werden meine Predigt-Tester dann ausbügeln müssen.

Mein Handy vibriert. WhatsApp von meinem Fußball-Trainer. Ob ich nachher an die Leibchen denke. Verdammt! Ich wusste, dass ich was vergessen hatte. Okay, Planänderung. Heute Abend wird trainiert statt Predigt geschrieben und ab sofort ist Schluss mit Eierlikör.

Ich beobachte Jesus und seinen neuen Fanclub. »Erzählen Sie uns vom Himmel!«, wird er liebevoll aufgefordert.

»Was möchten Sie wissen?«, fragt er in die Runde. Erstaunlich, denke ich. Es wirkt, als hätte Jesus jede eben noch vorhandene Schwerhörigkeit temporär außer Kraft gesetzt. Jesus guckt zu mir rüber und zwinkert mir zu. Jaja, denke ich zurück, wenn's nützlich ist, wird dann doch mal so ein kleines Wunderchen heimlich gedropped.

»Ist auch Judas im Himmel?«, fragt die einzig bibelfeste Seniorin in unserem Treff. Die anderen schauen sie irritiert an. »Wer ist das denn schon wieder? Einer deiner Ehemänner?« Einige kichern. Ich muss auch schmunzeln. Aber Jesus geht ernsthaft auf die Frage ein: »Ja, auch Judas ist im Himmel!«

»Aber der hat Sie doch verraten!«

»In den Himmel kommt jeder, der sich nach Gott sehnt!«, stellt Jesus klar.

»Also heißt das, dass nicht alle im Himmel sind?«

»Ja, das ist leider so«, bestätigt Jesus. Interessanterweise scheinen seine Zuhörerinnen das aber eher gut als schlecht zu finden. Und für Jesus Verhältnisse war das ausgesprochen angenehm radikal. Zeigt Trixis Einfluss vielleicht doch langsam Wirkung.

»Oh«, sagt eine Seniorin zu Jesus, »dann haben Sie ja im Himmel auch Kontakt zu berühmten Persönlichkeiten, nicht wahr?«

Jesus nickt lächelnd.

»Auch zu Michael Jackson?«, rufe ich rüber.

Jesus dreht sich um. »Na sichi, was glaubst du, von wem ich tanzen gelernt habe?«

Ich denke mir: ›Detlev D! Soost‹ oder ›*Dirty Dancing*‹ und ernte von Jesus einen ernsten Blick.

»Keinen Eierlikör mehr?«, fragt mich eine ehrenamtliche Helferin des Seniorentreffs überrascht, als sie sieht, dass ich mein Schoko-Shot-Glas aufesse.

»Reicht für heute.«

»Mindestens« deutet sie dezente Kritik an meinem Alkohol-konsum an. Wenn die wüsste, was der Martin so wegbechert!

»Das ist eine gute Idee mit dem Jesus-Schauspieler«, sagt sie. »Macht der das professionell?«

»Ähm, ähm«, antworte ich eloquent wie Edmund Stoiber in seinen besten Jahren. »Ja, kann man so sagen.«

»Den sollten wir häufiger einladen. Er kommt gut an bei un-seren Seniorinnen.«

Sie schaut Jesus nachdenklich an. Dann sagt sie zu mir: »Er macht das wirklich gut. Aber ist das nicht unlogisch mit seinem Alter?«

»Wie meinst du?«

»Also jetzt innerhalb seines Schauspiels gedacht: Wenn er wirklich der vom Himmel wiedergekommene Jesus sein soll – müsste er dann nicht älter sein? Er sieht für mich aus wie... dreißig bis vierzig Jahre irgendwie. Und so alt war er doch auch schon damals vor 2000 Jahren, als er gestorben ist, oder nicht? Ist das nicht unlogisch, dass er dann heute genauso alt ist?«

»Na ja«, beginne ich unsicher, »aber wie stellst du dir das vor? Dass Jesus dann heute so um die 2020 Jahre alt wäre?«

»Ja, da haste recht. Das wäre ja auch irgendwie komisch.«

»Hey Jesus«, rufe ich zum neuen Seniorenschwarm rüber, »wie ist das eigentlich mit dir und dem Altern? Wirst du gar nicht mehr älter?«

»Du meinst, ob ich nie das Rentenalter erreiche?«

Ich zeige einen Daumen hoch.

»Da würden Sie aber was verpassen!«, kommentiert eine der Seniorinnen. Die anderen nicken bekräftigend.

»Ich habe nie in die gesetzliche Rente eingezahlt. Ich kann mir das einfach nicht leisten, das Rentenalter zu erreichen!«, scherzt Jesus. »Im Ernst: Im Himmel gibt es kein Alter. Das ist schwer vorstellbar, aber ob nun ein kleines Kind stirbt oder jemand mit 117 Jahren – das macht im Himmel keinen Unterschied.«

»Vergeht dann auch keine Zeit im Himmel?«, fragt die Ehrenamtliche.

Jesus schüttelt den Kopf. »Nein, wir kennen auch keine Zeit im Himmel. Auf eine Art ist schon alles geschehen. Es gibt kein gestern und kein morgen – es gibt nur das Jetzt.«

»Das finde ich aber nicht gut!«, meint eine der Seniorinnen.

»Ach, aber so ein Leben ohne Sorgen und ohne all die Dinge, die man bereut?«, wirft jemand anderes ein.

»Und ohne all unsere schönen Erinnerungen?«, gebe ich zu bedenken, aber da vibriert mein Handywecker und läutet das Ende des Nachmittags ein. »So ihr Lieben«, sage ich. »Jesus und ich müssen uns für heute leider verabschieden. Aber wir kommen wieder – keine Frage!«

»Hast du nicht was vergessen?«, fragt mich Jesus. Aber bevor ich antworten kann, stimmt er schon an: »*Wir machen winke, winke, winke, winke, winke, winke, winke für den Körperteil Blues, für den Körperteil Blues.*«

Fröhliches Gelächter. Funkelnde Augen. Wahnsinn. Das ist ja sonst hier kein Verein von Traurigkeit, aber so wie heute Nachmittag? Das habe ich noch nicht erlebt. Und auch wenn aus der Runde vermutlich niemand glaubt, dass das wirklich Jesus ist: Er ist ab heute der Star am Rentenhimmel.

Zurück im Pastorat gibt's dann für Jesus von mir einen Wink mit dem Putzplan. Da kann sich unser »Mr. Rollator des

Jahres« gleich mal wieder ein wenig erden. Im wahrsten Sinne des Wortes.

»Vielleicht komme ich nach dem Putzen noch bei dir beim Training vorbei«, sagt Jesus, während er die Küche für einen Staubsaugerroboter-Einsatz vorbereitet. Ich winke ab. »Mach dir keinen Stress!«

Eigentlich hoffe ich inständig, dass er heute nicht dazu kommt. Ich bin noch relativ neu in der Mannschaft und bevor Jesus kam, fanden manche aus dem Team es ganz cool, dass sie jetzt geistlichen Beistand (auf der Bank) haben. Aber kleine Warnung an alle anderen fußballspielenden Pastoren da draußen: Wenn du einen Jesus im Team hast, dann kannst du als Pastor bestenfalls noch als Balljunge anheuern. Gut, Jesus ist jetzt nicht der beste Fußballer. Es fehlt ihm wahrlich an Tempo und Kondition. Aber stehend kann er am Ball einfach alles. Ein Lionel Messi – im Körper eines Frührentners mit Wohlstandsbäuchlein.

»Hey, das ist aber keine sehr nette Beschreibung!«, ruft mir Jesus durch's Küchenfenster zu. »Willst du wissen, wie ich dich beschreiben würde?«

»Nein danke«, rufe ich zurück und mache mich auf den Weg zum Fußball. Ich bin noch nicht weit gekommen, da höre ich laute Musik aus dem Pastorat. Ich drehe mich um, sehe, wie Jesus mir zuwinkt, und dann singen wir beide aus Leibeskräften:

»Wir machen winke, winke, winke, winke, winke, winke, winke für den Körperteil Blues, für den Körperteil Blues.«

Die Gretafrage

Sonntagnachmittag. Martin, Jesus und ich sitzen im Wohnzimmer und gucken Fußball. Seit Freitagabend. Trixi ist das ganze Wochenende mit einer Freundin im Wellnessurlaub, ich musste ausnahmsweise am Wochenende auch nicht arbeiten und wir haben die Chance genutzt, um einen von uns so genannten Fußball-WM-Marathon zu machen. Die grandiose Idee war: Wir gucken alle für uns auffindbaren WM-Spiele der deutschen Nationalmannschaft ab 1954.

Aktuell sind wir bei der WM 86 in Mexiko angekommen. Deutschlands drittes Gruppenspiel gegen Dänemark hat gerade begonnen. Das Video hat einen Original-Kommentar von 1986. Wenn auch auf Schwedisch. Aktuell scheinen wir mit der Fußball-WM-Marathon-Idee auch noch relativ allein zu sein. Das Video hat auf YouTube gerade mal 386 Klicks. Aber kann ja noch werden! Mein Handy vibriert. WhatsApp von meiner Schwester. Sie ist mit Freunden aus ihrer *Fridays for Future*-Ortsgruppe in die Diskussion geraten, warum Gott, wenn es ihn denn geben sollte, eigentlich nicht den Klimawandel aufhält.

Da ich ja inzwischen direkt an der Quelle sitze, leite ich die Frage an Jesus weiter. Er schüttelt nur den Kopf und sagt: »Ach die Gretafrage, die musste ja irgendwann kommen.«

»Gretafrage?«

»Ja, so habe ich die Frage nach Gott und dem Klimawandel genannt. Hat sich im Himmel inzwischen als Bezeichnung ganz gut etabliert!«

»Na dann hast du ja sicherlich auch eine gute Antwort parat, oder nicht?«

»Ach, das ist doch das Gleiche wie mit der Frage nach dem Leid. Wenn es Gott gibt, wieso gibt es dann Leid auf der Welt?«

»Ja, und was ist deine Antwort auf beide Fragen?«

Martin stöhnt neben uns beiden auf. »Alles gut bei dir?«, frage ich erschrocken.

»Ich frag mich, ob bei dir noch alles gut ist, Jonas! Hast du denn nicht anständig Theologie studiert?«

»Was soll das denn heißen?«

Martin versucht sich im Sofa aufrecht hinzusetzen. Oha, das gibt 'ne Standpauke, ich seh's kommen.

»Jonas, das steht doch gleich vorne in der Bibel: Gott schafft die Welt, alles ist supi, Gott schenkt Mensch Freiheit, alle freuen sich, Mensch nutzt Freiheit, weil er wie Gott sein will, Gott klickt auf ›Gefällt mir nicht‹, schmeißt die Menschen aus der perfekten Welt und da lebt ihr nun immer noch. Bums. Und eines Tages hat das ganze Übel ein Ende und die Erde ist wieder das, was sie sein sollte. Und bis dahin: Ist die Welt eben nicht nur Erdbeertorte mit Sahne oben drauf.«

Ist eh ungesund. Denke ich mir.

»Aber verdammt lecker …«, gibt Jesus zu bedenken.

»Neeeeeinnn!« ruft Martin laut, weil ein deutscher Spieler frei vorm Torwart vergibt. Leider ist die Qualität des Videos so schlecht, dass wir eigentlich nur die zwei Trikotfarben auseinanderhalten können. Wir sind uns auch einig, dass man mindestens bis 1986 noch nicht von Bildqualität gesprochen haben kann, eher von Bild*qual*. Das mit der *ität* muss irgendwann später passiert sein. Aber gut, früher war eben nicht alles besser. Außer offensichtlich ganz früher. Bevor Gott auf »Gefällt mir nicht« geklickt hatte.

»Und das ist jetzt die Antwort auf die Frage, warum es Gott und Leid und Gott und Klimawandel gibt? Der Mensch ist schuld und Gott macht sich 'nen chilligen Tag und sagt: Das habt ihr euch selbst eingebrockt?«, frage ich kritisch nach.

Jesus ruft laut: »Wehe euch, Klimasünder! Ihr Heuchler! Ehrlich, ich sage euch: Diese Generation wird dafür zur Rechenschaft gezogen werden!«

»Ne du«, wende ich da direkt mal ein. »Das geht ja schon mal gar nicht. Diese Generation ist doch viel zu pauschal gedacht!«

»Abseits! Das war Abseits!«, kommentiert Jesus das Spiel. »Hat der Schiri Balken vor den Augen oder was ist da los?«

Ich versuche die vermeintliche Inkompetenz des Schiedsrichters zu ignorieren und mich stattdessen auf den Klimawandel zu konzentrieren.

»Hey Jesus!« – Ich schnipse mit den Fingern, um seine Aufmerksamkeit auf mich zu lenken. »Hier ist das Vögelchen!«

»Dass du 'nen Vogel hast, denke ich auch schon länger«, bemerkt Martin trocken.

»Schnauze, das hier ist wichtig!«, fahre ich ihn sprachlich angemessen an.

Dann wieder zu Jesus: »He! Jetzt hör mir doch mal zu!«

»Du sagst doch gar nichts. Zumindest nichts von Belang.«

»Bäbäm! Punkt für Jesus!«, ruft Martin lachend.

Manchmal, da könnte ich die beiden auch echt nehmen und an die Wand klatschen. Wobei: Den Martin bekomm ich auf jeden Fall nicht gehoben. Das wird nichts mit dem Klatschen. Ich könnte ihn vielleicht an die Wand schubsen ... aber ob das den gleichen Effekt hätte? Und so wie ich Jesus kenne, würde da gar nichts klatschen, sondern der würde einfach entspannt durch die Wand hindurch ... ja, was auch immer. Gleiten? Wie dem auch sei. Neuer Versuch.

»Jesus?«

Jesus Blick ist weiter auf den Fernseher gerichtet, aber er sagt immerhin: »Jo, schieß los. Ich bin bei dir.«

»Alle Tage, bis an der Welt Ende ... ich weiß. Aber unabhängig davon: Mich interessiert wirklich, was du über den Klimawandel und so denkst.«

»Ja, der ist ziemlich scheiße, ne?«, sagt Jesus. Martin lacht. Ich verdrehe die Augen.

»Also meine Meinung ist ja: Früher oder später wird das mit dem Klimawandel eh Hitze von gestern sein«, bringt Martin sich erneut tiefgründig in das Gespräch ein.

Ich atme laut aus und versuche es noch einmal. »Jesus, die Welt ist doch von Gott geschaffen und sie gefällt ihm an sich ziemlich gut, richtig?«

Jesus nickt, während der deutsche Spieler mit der Nummer 3 oder 8 einen Freistoß kläglich vergibt. Klasse Spiel anscheinend.

»Ja, aber wenn die Welt von Gott ist und ihm ziemlich gut gefällt – dann gefällt ihm doch bestimmt nicht, dass wir diese Welt zerstören, oder?«, frage ich weiter.

Jesus nickt wieder und Martin ergänzt: »Siehe Schöpfungsbericht 1: »Gott, der Herr, brachte den Menschen in den Garten von Eden. Er gab ihm die Aufgabe, den Garten zu bearbeiten und ihn zu bewahren.«

»Gut!«, sage ich. »Also haben wir den Auftrag von Gott, diese Welt zu bearbeiten und zu bewahren – und das tun wir doch aktuell nicht ...«

Martin unterbricht erneut und ruft pathetisch: »Darum fürchten wir uns nicht, wenngleich die Welt unterginge und die Berge mitten ins Meer sänken, wenngleich das Meer wütete und wallte und von seinem Ungestüm die Berge einfielen! – Na, wo steht das in der Bibel, Jesus?«

Jesus zuckt nur mit den Schultern und ich versuche meinen Gedanken fortzusetzen: »Was ich sagen wollte: Aktuell bewahren wir die Welt doch aber nicht, sondern wir zerstören sie! Ergo ...«

»Oh«, unterbricht Jesus, »bei denen muss ich mich noch wegen meiner Haftpflicht melden!«

Ich schüttele den Kopf. Vielleicht sollte ich das mit dem an die Wand klatschen doch noch mal in Betracht ziehen.

»Ergo«, wiederhole ich mich, »müssen wir uns als Christen doch für Klimaschutz einsetzen, weil wir sonst Gottes Vorgabe missachten, dass wir diese Welt bewahren sollen. Ganz gleich, ob die eines Tages eh abgerissen wird. Bis dahin gilt doch: Gott gab uns die Aufgabe, den Garten zu bearbeiten und ihn eben vor allem auch zu bewahren!«

Ich schaue Jesus und Martin erwartungsvoll an. Merke dann, dass die beiden mir überhaupt nicht mehr zugehört haben, weil einer der deutschen Spieler einem dänischen Spieler äußerst dämlich im Strafraum in die Hacken gelaufen ist. Zumindest sieht es so aus. Bei der Auflösung ist das gar nicht so leicht zu sagen. Videoschiri wäre 1986 auf jeden Fall eine sehr lustige Sache gewesen, denke ich mir.

»Apropos lustige Sache«, sagt Jesus.

»Ach, da kann der Herr dann wieder gut zuhören?«, falle ich ihm ins Wort, ohne eine Antwort zu erhalten.

»Wusstet ihr, dass es das Buch ›Würde Jesus bei Ikea einkaufen?‹ gibt?« Martin und ich verneinen.

»Und, würdest du bei Ikea einkaufen?«, fragt Martin.

»Keine Ahnung, ich hab das Buch ja noch nicht gelesen«, antwortet Jesus, während Dänemark den Elfer versenkt. Ich werfe ein Kissen auf Jesus. »Sag mal, Jesus, kann es sein, dass du das mit dem Klimawandel nicht so ganz ernst nimmst?«

»Natürlich nehme ich das ernst!«, entrüstet der sich sofort.

»Ja, aber dann sag doch jetzt mal ganz genau, was du dazu denkst!«

»Junge, Junge, du bist heute aber auch penetrant mit deiner Fragerei. Also gut, ich habe mir da vor Kurzem schon mal was notiert. Moment. Alexa, spiele von Jesus Handy: ›Sprachnotiz Klimawandel‹.«

Alexa gehorcht auf's Wort, pausiert das Spiel »Deutschland gegen Dänemark« und aus unseren Lautsprechern ertönt die Stimme von Jesus:

»Notiz an mich selbst: Neue Rede zu Klimawandel schreiben. Inhalt grob: Klimawandel heißt vor allem: Benachteiligung von Menschen. Weil wenige Menschen die Erde kaputtkonsumieren, verlieren viele ihre Heimat Schrägstrich ihr Leben.«

Ich nicke Jesus zu und will was sagen, aber er deutet mir an, dass es noch weiter geht.

»Unbedingt in Rede klar machen: Klimaschutz ist gleich Nächstenliebe. Nicht so sehr auf Zerstörung Schöpfung und dieses Blabla von Martin eingehen.«

Jetzt wirft auch Martin ein Kissen auf Jesus, während dessen Stimme unbeirrt fortfährt.

»Wichtig: Klimawandel schafft Ungerechtigkeit. Ungerechtigkeit passt nicht zu Reich Gottes. Am Ende zu Liebe kommen. Ggf. wiederholen: Christen soll man an Liebe erkennen. Auch an Liebe zum Nächsten. Nachtrag: Nächstenliebe heißt in Zukunft für viele Menschen: Verzicht auf Konsum.«

Die Sprachnachricht endet und das Spiel geht automatisch weiter.

»Und das kommt ins nächste Evangelium?«, frage ich erstaunt.

Jesus nickt. »Finde ich gut!«, sage ich und sehe, wie Martin sich eifrig handschriftliche Notizen macht. Es überrascht mich nicht, als ich auf dem obersten Blatt lese: »42 Thesen wider den Klimawandel«.

»Das bringe ich noch vor deinem neuen Evangelium raus, Jesus!«, sagt Martin. »Das wird ein Knaller! Und zuerst gibt's das Hardcover mit Leineneinband und handgewebtem Lesebändchen, gefertigt in einem finnischen Traditionsbetrieb. Die Grünen-Wähler haben doch Geld und kaufen gerade alles, was irgendwie öko aussieht.«

Das würde ich glatt unterstützen, wenn Martin dadurch auch etwas zur WG-Kasse beisteuern könnte.

»Ich warne dich, Martin«, sagt Jesus. »Alles was du eben gehört hast, ist noch nicht druckreif!«

»Ach shit!«, rufe ich laut. Dänemark führt jetzt 2:0. Dann wird Deutschland nur Gruppenzweiter, so wie es aussieht.

»Das wird nichts mehr«, sagt Martin und steht unbeholfen von unserem Sofa auf. »Ich hole mir einen Whiskey. Soll ich euch beiden auch einen mitbringen?«

»Ja, mir gerne einen von dem neuen japanischen«, sage ich. Jesus schüttelt den Kopf.

»Irgendwas anderes?«, fragt Martin ungewohnt freundlich.

»Ja, ich brauche einen neuen Controller für die Playstation. Der linke Joystick zieht immer nach links«, fällt Jesus da ein.

Ach was, denke ich mir. Eben noch gegen Konsum wettern und jetzt das.

»Ja, weißt du, wie nervig das beim FIFA spielen ist?«, versucht sich Jesus zu rechtfertigen.

»Vielleicht hängst du in letzter Zeit auch einfach zu viel an der Konsole?«, werfe ich vorsichtig kritisierend ein.

»Mein Reden!«, ruft Martin aus dem Flur, als sich die Haustür öffnet und Trixi von ihrem Wellness-Urlaub zurückkommt.

»Na ihr Profisportler!«, trällert sie uns sichtlich erholt entgegen. Gleich der erste Schritt ins Wohnzimmer treibt ihr aber jede Entspannung aus dem Gesicht. »Hui, ihr müsst echt mal lüften, Jungs! Und wie sehen denn die Pflanzen aus? Jesus, hattest du schon wieder Hunger und hast es an den Blumen ausgelassen?«

Dann sieht Trixi mehrere wirklich ziemlich große Amazon-Pakete im Flur stehen. »Und was ist das hier?«

»Es war doch Prime-Day letzte Woche – da musste ich einfach zuschlagen!«, verteidigt sich Jesus.

»Und du hast wie immer vermutlich mit unserer Kreditkarte gezahlt?«, fragt Trixi leicht erbost nach.

Jesus nickt. Aber was er nicht weiß: Ich habe mir schon lange eine Excel-Liste mit allen Ausgaben von und für Jesus angelegt.

Hoffen wir mal, dass der Satz im alten Evangelium stimmt, dass man alles, was man für Jesus gibt, im Himmel hundertfach zurückbekommt. Ich bin jedenfalls vorbereitet, wenn ich eines Tages gefragt werde, was ich für Jesus so gegeben habe!

»Und, hattet ihr denn auch ein schönes Wochenende?«, fragt Trixi und lässt sich neben mich aufs Sofa fallen. Wir nicken und versuchen uns nicht von Deutschland gegen Dänemark abbringen zu lassen.

»Bei euch stimmt was mit der Auflösung nicht«, meint Trixi mit Blick auf das verpixelte Bild. Wir nicken.

»Na, ihr seid ja ein gesprächiger Haufen hier.«

Wir nicken.

»Wusstet ihr, dass ich gestern einen Jesus-Moment hatte?«

Wir schütteln die Köpfe. Also jeder seinen. Nicht gegenseitig.

»Das war voll krass!«, fährt Trixi unbeirrt fort.

»Was ist denn überhaupt ein Jesus-Moment?«, erbarmt sich Martin.

»Ein Jesus-Moment«, klärt ihn Trixi auf, »das ist, wenn man so für einen kurzen Moment pure Liebe empfindet. Aber nicht für einen einzelnen Menschen, sondern pauschal für alle um dich herum.«

»Kenne ich nicht«, sagt Martin. Glaube ich ihm sogar. Aber Trixi und ich kennen das. Jetzt nicht super oft, aber manchmal gibt es diese Momente. Und als wir Jesus mal davon erzählt haben, da meinte er, dass das recht treffend beschreiben würde, was er für uns Menschen prinzipiell fühlt. Okay, er hat sich dann noch mal korrigiert: das, was er für uns Menschen meistens fühlt. Ausnahmen bestätigen die Regel. Auch bei Jesus.

»Und wann und wo passiert so was?«, fragt Martin.

»Das kann überall sein!«, erkläre ich ihm. »Manchmal fahre ich U-Bahn und plötzlich ... könnte ich alle umarmen! Da ist dann für so einen Moment so eine krasse Liebe einfach.«

»Das klingt auf mich nicht sehr seriös«, meint Martin. »Und an deiner Stelle, Trixi, würde ich mir Sorgen machen, wenn dein Freund manchmal für 'ne ganze U-Bahn voller Liebe ist. Jesus-Moment ... ne ihr, das ist nichts für mich.«

»Aber weißt du, was etwas für dich ist, Martin?«, fragt Trixi. Martin schaut skeptisch zu ihr herüber.

»Morgen startet unser Kochkurs! Und danach wirst du besser kochen, als Käthe es je konnte!«

Da bin ich jetzt wiederum skeptisch, denke ich mir. Jesus nickt mir zustimmend zu. Aber wer weiß. Manchmal geschehen ja noch Zeichen und Wunder. Allerdings nicht mehr bei Deutschland gegen Dänemark. Der Schiri pfeift das Spiel ab und ungefähr zeitgleich vibriert mein Handy. Meine Schwester noch mal. Sie fragt, was jetzt mit der Antwort von Jesus sei. Ich antworte ihr, dass wir bislang nur in Ansätzen über seine Meinung zum Klimawandel gesprochen haben.

»Immerhin« schreibt sie. »Und was sagt er so? Ist er für die CO_2-Steuer? Kohleausstieg noch vor 2025? Elektro oder Wasserstoff? Hat er ein bestimmtes Klimaschutz-Programm?«

Ich schaue Jesus fragend an. Der nimmt mein Handy und schickt meiner Schwester eine Sprachnachricht.

»I bims, Jesus. Das beste Klimaschutz-Programm ist aus meiner Sicht meine Liebe! Also Liebe, die euch über euch hinauswachsen lässt. Die euch hilft zu verzichten. Die euch Mut macht, von euch wegzusehen. Und dafür das große Ganze wahrzunehmen. *Over and out.*«

Meine Schwester schreibt zurück, ob er das auch auf einen Satz für ein Plakat für die Demo zusammenfassen könnte.

Jesus schickt ihr wieder eine Sprachnachricht: »*Make love not buy.*«

Ich nicke. Das klingt gut. Meine Schwester schickt einen Daumen hoch. Und Martin hat wieder fleißig mitgeschrieben.

»Was haltet ihr eigentlich davon, wenn wir vier ab sofort an Freitagen mit zu den *Fridays for Future*-Demos gehen?«, schlägt Trixi uns vor.

Martin runzelt die Stirn und sagt: »Ich glaube, Jesus hat an öffentliche Aktionen an Freitagen nicht sooo gute Erinnerungen ...«

»Ach komm schon, Jesus!«, lässt Trixi nicht locker. »Im Prinzip hast du doch an Karfreitag so was wie die allererste *Fridays for Future*-Aktion gestartet, oder nicht?«

Jesus guckt uns irritiert an und sagt: »Ey, habt ihr euch noch nie gefragt, wo ich eigentlich jeden Freitagvormittag bin?«

»Ich dachte, du schläfst da immer aus. Wie jeden anderen Tag auch?«, frage ich unsicher zurück.

Jesus schüttelt ungläubig den Kopf und sagt: »Auch wenn das hier anscheinend niemand für möglich hält: Ich bin jeden verdammten Freitag beim Klimastreik! Also, können wir jetzt endlich weiter Fußball gucken?«

Ich nicke und schaue dabei Trixi fragend an. Hat sie gewusst, was Jesus jeden Freitagvormittag macht? Sieht nicht so aus. Na ja, ich starte das nächste Video: Deutschland gegen Marokko. Achtelfinale 1986. Dieses Mal sogar mit einem deutschen Kommentator. »Guck mal: Das Video hat schon über 4000 Klicks«, stelle ich überrascht fest. »Ich sag euch: diese Fußball-WM-Marathon-Sache wird noch 'ne richtig krasse Bewegung!«

»Na sichi!«, sagt Jesus.

Trixi schüttelt den Kopf, während sie konzentriert auf ihr Handy schaut. Aber ich habe da ein gutes Gefühl. Ich meine: Wenn man mit Martin und Jesus was gemeinsam startet, da muss ja eigentlich eine weltweite Bewegung draus werden, oder nicht?

Okay, vielleicht jetzt nicht so im sportlichen Sinne. Und mit Blick auf die beiden, wie sie gerade so auf der Couch chillen … vielleicht startet die Bewegung auch nicht mehr heute Abend. Aber vielleicht ja morgen. Wobei … morgen hat Martin diese große Videokonferenz, wo er irgendwie eine Gewerkschaft für die DHL-Boten oder so gründen will. Und am Dienstag geht Jesus mal wieder zur Thai-Massage. Danach ist er meistens völlig hinüber und nicht mehr zu gebrauchen.

Na ja gut, dann starten wir vielleicht am Mittwoch mit der Bewegung. Ach ne, da gehen wir zusammen ins Ballett. Das passt dann auch nicht. Ach, was weiß ich. Wird schon werden mit unserer Bewegung hier!

Da dreht sich Jesus zu mir um und sagt: »Junge, Junge, wenn ich deine Gedanken hätte – ich würde mir ja Gedanken machen!«

»Zweiter Bildungsweg Philosoph, oder was wird das bei dir?«, frage ich zurück.

»Leute, wenn ihr die ganze Zeit redet, versteht man nichts vom Kommentator«, meckert Martin.

Trixi legt ihr Handy zur Seite und grinst verdächtig. »Ihr wisst aber schon, dass das Spiel 1:0 für Deutschland ausgeht und Deutschland im Finale gegen Argentinien verliert? Na ja, wie dem auch sei. Euch noch viel Spaß, ich gehe noch ein wenig lesen.«

Wir drei sitzen völlig überrumpelt da. Jesus schaut mich an und sagt: »Sind deine Pläne mit dem an die Wand klatschen inzwischen ausgereift?«

Ich nicke.

Aber Martin sagt: »Wir haben keine Chance. Wir brauchen sie. Glaubt mir. Das war ein tolles Wochenende mit euch. Aber ohne Trixi sind wir hier aufgeschmissen. Dann gibt es keine neue Bibelübersetzung, kein neues Evangelium und …«

Martin schaut mich stirnrunzelnd an.

»Na ja, keine Ahnung. Also was auch immer Jonas Wichtiges für die Welt tut, das gibt es dann auch nicht mehr!«

»Er hat recht«, sage ich und mache den Fernseher aus.

»Verdammt!«, flucht Jesus. »Was machen wir jetzt?«

»Ich werde die Konferenz für morgen vorbereiten«, sagt Martin. »Gute Nacht, ihr beiden!«

»Und wir zwei?«, fragt mich Jesus. »Plakate für die Demo am Freitag vorbereiten?«

»Oder«, beginne ich, »kennst du diese Katzen-Videos, wo jemand mit Frischhaltefolie …«, aber da quiekt Jesus schon fröhlich ein »Oh Gott, ich liebe sie!« dazwischen und schaltet den Fernseher wieder ein.

Na ja. Irgendwie ist das ja auch befreiend, dass selbst bei Jesus nicht immer die richtige Zeit ist, um eine neue Bewegung zu starten oder zu unterstützen, sondern manchmal auch einfach nur Zeit für süße Katzenvideos ist.

Und doch geht mir eins nicht mehr aus dem Kopf: Da dachten wir monatelang, Jesus würde schön ausschlafen – und in Wahrheit macht Jesus jeden Freitag das, was ein Jesus an Freitagen anscheinend einfach immer macht: sich um unsere Zukunft kümmern.

Elchtest

»Psst!«, psste ich den anderen dreien in bester Lehrermanier zu. »Da vorne, seht ihr sie?«

»Ja«, flüstert Jesus.

»Krasses Ding ey!«, lärmt Martin viel zu laut.

»PSST!«, psstet Trixi ihn zurecht.

»Ich psste dich gleich gegen den Baum dahinten«, schießt unser Wonneproppen Martin zurück.

Wir sind für eine Woche ins Ferienhaus meiner Eltern nach Schweden gefahren. Ein wenig Erholung für uns alle. Und eigentlich wollten wir heute Abend nur einen kleinen Spaziergang machen, aber dabei sind wir ganz unverhofft auf eine Elchkuh mit ihrem Jungen (oder Mädchen?) gestoßen.

»Was ein dickes Ding«, staunt Jesus.

»Ich kann das nicht mehr lange so aushalten«, meckert Martin. Tja. Russenhocke ist eben nicht für jeden was. Zumindest gilt: Je dicker der Bauch, desto unbequemer ist die Hocke.

»Dann leg dich doch hin«, sagt Trixi und stößt Martin nach hinten um. Flatsch, da liegt er.

»He!«, ruft er leider als Reaktion viel zu laut. Die Elchkuh erstarrt in ihrer Bewegung und schaut zu uns zurück. »Leute«, flüstert Jesus, »lasst uns gehen. Die wird uns gleich angreifen.«

»Was ist denn bei dir los? Hast du Angst vor Tieren?«, wundert sich Trixi.

»Na ja«, antwortet Jesus, »meine Mutter meint, ich wäre wohl damals in der Krippe von einer Kuh gebissen worden und das hätte irgendwas Traumatisches …«

»Wo steht denn bitte schön in der Bibel, dass bei deiner Geburt Kühe dabei waren?«, unterbricht Martin Jesus.

»Ach, und nur weil es nicht in der Bibel steht, gab es die nicht?«, fragt Jesus zurück. »Ehrlich, ich sage euch: Das macht keinen Spaß, von einer Kuh gebissen zu werden!«

Aha, denke ich mir. Gerne Katzenvideos gucken, aber Tiere in echt sind dann nicht so seins. Interessant!

Aber wo wir schon mal bei dem Thema sind: »Jesus, was ich dir schon länger sagen wollte: Kannst du im neuen Evangelium einfach mal die Tiervergleiche lassen?«

»Was meinst du?«

»Na ja, was soll zum Beispiel der Scheiß mit den Schafen? Wer will denn schon als Schaf bezeichnet werden?«

»Damals war das voll der Hit!«

Martin lacht laut auf. »Ja, und das Wort ›Hit‹ war zu der Zeit vermutlich auch noch der Hit, wa?«

»Punkt für Martin«, sage ich.

»Sonst machst du dir doch auch nie um irgendwas Sorgen, Jesus«, wirft Trixi kopfschüttelnd ein.

»Wurdest du schon mal von einer Kuh gebissen?«, fragt Jesus bissig zurück.

»Nein, aber …«

»Willst du mal von einer Kuh gebissen werden?«

»Nein, aber ich …«

»Dann vertraut mir und lasst uns lieber gehen.«

»Genug gequatscht«, sagt Martin und geht schnurstracks auf die Elchkuh zu. »Ich werde der jetzt zeigen, wer hier die dicksten Eier hat.«

Es ist eine Elch*kuh*, denke ich mir. Aber egal.

»Komm zurück, Martin!«, ruft Jesus. Aber der lässt sich nicht beirren. Na ja. Zumindest für so ungefähr fünf Sekunden. Bis die Elchkuh mit einem Ruck aus der Erstarrung erwacht und mit Tesla-Beschleunigung auf Martin zurast.

Der Boden bebt. Martin blickt zu uns. Zur auf ihn zudonnernden Elchkuh. Zu uns. Und dann rennt der kleine Moppel aber, als wär das Buffet gerade eröffnet worden. Das mit den dicksten Eiern wäre dann auf jeden Fall schon mal geklärt.

»Lauf, Martin, lauf!«, brüllt Trixi.

»Wir müssen hier weg!«, kreischt Jesus panisch.

»Kannst du den Elch nicht einfach stoppen?«, schreie ich ihn an. »Sag so was wie damals, als du den Sturm gestillt hast!«

»Das geht nicht!«, kreischt Jesus weiter. »Wie oft denn noch: Dieses Mal gibt es keine Wunder!«

Trixi, Jesus und ich springen auf und laufen los. Martin einige Meter hinter uns. Die Elchkuh nicht weit dahinter.

»Scheiße man«, keuche ich, »kannst du da nicht 'ne kleine Ausnahme mit den Wundern machen? Ich habe echt keine Lust, gleich den Elchtest mit meinem Körper nachzuempfinden!«

Jesus zieht an mir vorbei und schreit über seine Schulter zurück: »Keine Chance! So war der Deal mit meinem Vater! Die Wunder früher waren nur als Zeichen gedacht, was bei Gott alles möglich ist!«

»Ich könnte gerade auch ein kleines Zeichen gebrauchen!«, presst Trixi schwer atmend hervor.

»Hättet ihr früher auf mich gehört, wäre das alles nicht passiert!«, brüllt Jesus.

»Ich verstehe das mit den Wundern nicht!«, schreie ich laut.

»Was ist daran denn so schwer zu verstehen?«

»Hiiilfeeeeee«, schreit Martin. Die Elchkuh kommt ihm bedrohlich nahe. »Jesus, tu was!«

»Das hast du dir selbst eingebrockt!«

»Schneller!«, ruft Trixi mit leichter Panik in der Stimme.

»Und was ist jetzt mit dem Wunder?«, brülle ich erneut zu Jesus.

»Pass auf, das ist ganz einfach: Meine Wunder gab es, damit die Leute mir vertraut haben!«

»Verstehe ich nicht!«

»Wollt ihr das nicht später klären?«, schreit Trixi, die langsam etwas zurückbleibt.

»Das ist jetzt wichtig!«, rufe ich zurück. »Also Jesus?«

»Okay, stell dir den See da vorne mal zugefroren vor«, brüllt Jesus, während wir über eine kleine Brücke einen Zulauf zu besagtem See überqueren.

»Ja, mache ich!«

»Gut! Das Eis auf dem See, das hält dich oder es hält dich nicht. Das wird nicht dicker, wenn oder weil du daran glaubst.«

Inzwischen hat Martin zu uns aufgeschlossen. Wenn Masse erst mal in Bewegung kommt und so.

»Ich bin in meinem ganzen Leben noch nie so viel und weit gerannt!«, presst er nach Luft schnappend hervor.

»Ein Wunder!«, keucht Trixi.

Wenn ich nicht so sehr mit Laufen beschäftigt wäre, würde ich ja lachen. Werde ich dann später nachholen.

»Also Jesus, was hat das mit dem Eis jetzt mit Wundern zu tun?«, frage ich stattdessen weiter.

»Entscheidend ist beim Eis wie beim Glauben: Hält es oder hält es nicht? Und die Frage ist doch: Woher weißt du, ob das Eis bricht oder nicht?«

»Wenn ich drauf gehe und es ausprobiere?«

»Bist du bescheuert?«, wirft Trixi ein. »Viel zu gefährlich!«

»Ja, aber das stimmt. Du kannst das nur für dich feststellen, wenn du das Eis betrittst. Und jetzt kommen die Wunder von damals ins Spiel: Ich bin sozusagen auf dem Eis vorangegangen. Ich habe mit meinen Wundern gezeigt, dass das Eis hält. Es ist dick genug und auch du kannst darauf gehen!«

»Es gibt Eis?!«, ruft Martin mit großen Augen.

»Nein, das Eis steht nur für den Glauben. Ich versuche hier gerade etwas zu erklären!«, brüllt Jesus zurück.

»Muss das ausgerechnet jetzt sein?«

»JA!«, schreien Jesus und ich im Chor.

»Hey Leute!«, ruft Trixi von hinten. Ich schaue mich zu ihr um und brülle laut: »Halt! Stopp!« Jesus macht eine Vollbremsung. Martins Auffassungsgabe ist leicht verzögert und er rennt volle Kanne in Jesus rein.

»He, jetzt ist keine Zeit für Umarmungen!«, rufe ich den beiden zu, als ich sehe, wie Martin Jesus von hinten fest umklammert, um nicht erneut mit dem Boden Bekanntschaft zu machen. Dann breitet Jesus seine Arme aus und schreit in den Wald hinein: »Ich bin der König der Welt!«

Martin löst sich angeekelt. »Dein Vater ist der König der Welt!«

»Ach, machen wir jetzt ›Deine Vater‹-Witze? Sind wir schon so tief gesunken?«, entgegnet ihm Jesus, lässt die Arme sinken und fragt: »Warum sollten wir überhaupt anhalten?«

»Siehst du noch irgendwo eine Kuh, die hinter uns herrennt?«, frage ich immer noch außer Atem.

»Oh Gott, ich hätte auch nicht mehr lange durchgehalten«, sagt Martin und lässt sich einfach auf den Boden fallen. Ich setze mich neben ihn, Trixi ringt vorn übergebeugt nach Atem und Jesus lehnt sich erschöpft an einen Baum.

»Drama, Baby, Drama!«, sage ich.

»Hätten wir uns sparen können, wenn ihr auf mich gehört hättet«, besserwissert Jesus.

»Klugscheißertag ist am Donnerstag«, sagt Trixi.

»Ist heute nicht Donnerstag?«

»Verdammt!«

Nur wenige Minuten später sitzen wir völlig fertig auf der Veranda am Ferienhaus. Trixi hält sich die Knie und Martin sich den Rücken. Jesus googelt ›Elch‹ und ich denke mir, dass ich einfach zu alt für Extremsport bin.

Mein Handy vibriert. E-Mail von unserem Internet- und Telefonanbieter. Na klasse. »Hey Martin! Vielen Dank für deinen ruhigen und respektvollen Einsatz wegen der Rufnummer-Mitnahme. Als Dank hat man uns jetzt Internet und Telefon zu Hause komplett abgeschaltet!«

»Was?! Denen werde ich es aber zeigen!«, wettert Martin los.

»Du wirst jetzt erst mal gar nichts mehr!«

»Na gut, ich wollte mich eh auf die Gewerkschaft konzentrieren.«

»Was planst du da eigentlich schon wieder?«

»Wusstet ihr, was die DHL&Co-Boten verdienen? Das ist ja nichts!«

»Ja, das ist scheiße«, pflichte ich Martin bei. »Aber was hat das mit dir zu tun?«

»Nichts direkt. Ich … habe einfach das Gefühl gehabt, dass denen eine Stimme fehlt.«

»Und du bist jetzt die Stimme der DHL-Boten?«, fragt Trixi skeptisch nach.

Martin nickt. »Ich habe sogar schon einen Namen: › *The Voice of Delivery*‹!«

Ich muss grinsen. Gar nicht so schlecht.

»Na gut, du *Voice of Delivery*, aber wenn uns eines Tages DHL nicht mehr beliefert, dann wirst du meine Voice mit voller *Energy* zu hören bekommen! Das glaub mir aber!«

Martin winkt ab und Jesus schließt seine Google-Recherche ab: »Kurz gesagt: Mit Elchkühen ist echt nicht zu spaßen.« Jo. Das können wir vier jetzt, glaube ich, alle bestätigen.

»Sag mal, Jesus«, fragt Trixi, »wenn sich einer von uns eben irgendwie schlimmer verletzt hätte. Hättest du dann eigentlich ’ne kleine Heilung an den Start gebracht?«

»Das wäre mit Sicherheit doch auch unter Wunder gefallen und somit nicht möglich gewesen«, mutmaße ich. Jesus nickt und sagt dann: »Aber ich wurde da, glaube ich, auch damals missverstanden. Ja, ich habe im alten Evangelium viele Menschen gesund gemacht. Aber nicht, weil mir Gesundheit so wichtig war, sondern um eben zu zeigen, wie krass Gott so drauf ist.«

»Dir ist Gesundheit nicht so wichtig?«, frage ich etwas irritiert nach.

»Ja«, bestätigt Jesus. »Also halt, bevor ihr mich missversteht: Mir ist Gesundheit schon sehr wichtig. Aber wir haben einfach verschiedene Vorstellungen davon, was gesund ist und was nicht.«

»Und was meinst du damit jetzt genau?«, hake ich noch einmal nach.

»Na ja«, beginnt Jesus, »natürlich gibt es Krankheiten, die einfach scheiße sind. Krebs ist ein Arschloch. Punkt. Aber ganz ehrlich: Es ging mir noch nie in erster Linie um Gesundheit, sondern um *Shalom*.«

»Also wenn ich im Konfirmandenkurs *Shalom* sage, dann kommt ein ›Gesundheit‹ zurück.«, sagt Trixi und schaut Jesus leicht herausfordernd an: »Kannst du das auch auf Deutsch für die nicht Eingeweihräucherten beschreiben?«

»Bestenfalls könnte man vielleicht ›Frieden‹ sagen«, meint Martin. Jesus nickt und ergänzt: »*Shalom* ist, wenn du einfach glücklich bist. Du hast dann den fettesten Frieden in dir.«

»Und wo ist dann das Problem mit der Gesundheit?«, frage ich nach. Ich hab's noch nicht so ganz gecheckt, glaube ich.

»Dass es um *Shalom* und nicht um Gesundheit geht«, erklärt Jesus mir weiter. »Manche Menschen sind schwer krank, aber sie haben in sich einfach fett Frieden. Und andere sind körperlich und psychisch kerngesund, aber da ist tote Hose, was Shalom angeht.«

»So, und was der Jesus sagen will«, versucht Martin das Gespräch abzukürzen, »ist, dass es ihm um die globalisierte Shalomisierung geht.«

»Exakt«, pflichtet Jesus ihm bei. »Aber eben nicht um so einen Gesundheitshokuspokus.«

»Gib mal ein paar konkrete Beispiele«, fordert Trixi Jesus auf. Der denkt kurz nach und sagt dann: »Die meisten Menschen denken heute immer noch, dass Menschen mit Behinderungen auf jeden Fall ein beschissenes Leben führen. Aber ob ihr's glaubt oder nicht: Ich kenne echt viele Menschen mit den schwersten Behinderungen – aber wenn ihr wüsstet, wie shalomisiert die sind. Ihr würdet vor Neid erblassen.«

»Jesus, Jonas ist so blass, da funktioniert das Sprichwort nicht«, wirft Martin schmunzelnd ein. Trixi lacht. Sehr witzig. Vor 150 Jahren wär' mein Hauttyp aber so was von angesagt gewesen!

Jesus übergeht Martins Kommentar. »Oder nehmen wir die Frage nach genmanipulierten Babys. Da ist doch auch nur der Gedanke, dass ein Mensch, der möglichst ohne sogenannten Gendefekt auf die Welt kommt oder möglichst ohne Krankheit geboren wird, irgendwie besser dran wäre. Aber noch mal: Es geht mir und meinem Vater darum, dass möglichst jeder Mensch voll und ganz Frieden in sich hat. Und ja, natürlich ist es schön, gesund zu sein. Aber es ist am Ende nur ein Teil des Lebens. Und bei Weitem nicht der Entscheidende.«

Ich schaue Jesus an. Ich weiß noch nicht, was ich davon halten soll. Ich meine: Ich kenne genug Menschen, die an ihren Krankheiten wirklich leiden!

Jesus nickt mir zu. »Ja, das stimmt. Und in diesen Momenten zerreißt es mich innerlich, wenn ich zusehen muss, bis diese Menschen endlich bei uns im Himmel ankommen.«

»Moment!«, unterbricht Martin. »Was steht in Lukas 17,34, mein lieber Jesus?«

»Keine Ahnung.«

»Dass Gott nur die Hälfte der Menschen zu sich holt!«

»Ja, ach immer diese Zahlendinger in der Bibel. Da solltet ihr euch nicht zu sehr mit aufhalten. Ganz ehrlich: Da hatte so mancher biblische Autor auch einfach zu viel Spaß an Zahlenspielen.«

»Also kommen mehr als die Hälfte der Menschen in den Himmel?«, frage ich nach.

»Ich kann euch versichern: Es gibt keine Obergrenze im Himmel!«, stellt Jesus klar.

»Oh, oh«, sagt Trixi, »wenn das die CSU hört!«

»Mit denen habe ich eh noch ein Hühnchen zu rupfen!«, wird Jesus gleich ein wenig lauter. »Das ist mit denen manchmal echt zum Mäuse melken!«

Ich fange an zu lachen. »Oh nein«, sagt Trixi. »Er findet schon wieder irgendwas lustig und lacht über seine eigenen Witze im Voraus.« Recht hat sie. Ich habe mich nämlich echt schon mehrfach gefragt, ob es eigentlich auch vegane Varianten von solchen Sprichworten gibt. Ich meine: Hühnchen rupfen? Mäuse melken? Klingt nicht so, als sollte das einem veganen Mund entweichen. Vorschläge meinerseits: Mit denen habe ich eh noch Soja zu ernten! Und: Das ist mit denen manchmal echt zum Tofu auspressen!

Jesus schüttelt den Kopf. »Was denkt er?«, fragt Trixi. »Du willst es nicht wissen«, antworten Jesus und ich gleichzeitig.

»Na gut, dann werden Martin und ich uns jetzt mal zum Kochen in die Küche begeben«, sagt Trixi und verschwindet mit einem überschaubar motivierten Martin in der Küche.

Jesus und ich bleiben zurück auf der Veranda. Wir schauen der Sonne zu, die bald hinter den Bäumen am Horizont untergehen wird. Während zeitgleich die Mücken allabendlich auferstehen. Das Erwachen der Macht. Eindeutig.

»Wie kommst du beim Schreiben voran?«, frage ich Jesus.

»Kann ich die Frage schieben?«

»Nein, aber du könntest das Publikum befragen.«

»Dann mache ich das gerne. Wer ist das Publikum?«

»Ich.«

»Oh. Na ja, egal, ich nehme den Joker trotzdem.«

»Das Publikum hat mit 80 Prozent ›Geht so‹ geantwortet.«

»Dann ist das Publikum wohlwollender als ich selbst«, sagt Jesus missmutig. »Im Ernst: Es läuft überhaupt nicht. Ich … ich glaube, ich bin einfach nicht dafür gemacht. Wenn ich die Arbeitsbiene Martin sehe, puh. Ihr beide seid auch nur am Ackern … und dann guck mich an …«

»Dafür wirst du immer besser in FIFA! Und du kannst bei fast allen Netflix-Serien mitreden! Und du hast Alexa schon echt viele neue Skills beigebracht!«, versuche ich Jesus aufzumuntern.

»Merkste selbst, oder?«, antwortet der deprimiert.

»Kopf hoch, Jesus. Wir schaffen das.«

»Und die Rente ist sicher, oder was kommt als Nächstes?«

»Ich dachte, du bekommst eh keine Rente?«

»Stimmt auch wieder«, sagt Jesus und klatscht in die Hände. »Erwischt, du kleines Mistvieh!«

Ich gehe dann wohl davon aus, dass es im Himmel keine Mücken gibt. Jesus nickt und sagt: »So, jetzt habe ich aber auch genug Trübsal geblasen! Lass uns über was Schöneres reden!«

»Weißt du, dass ich mein krassestes Gotteserlebnis hier in Schweden hatte?«, frage ich.

»Schieß los, Jonas«, fordert mich Jesus auf.

»Es ist schon 'ne Weile her. Ich muss so knapp zwanzig Jahre alt gewesen sein. Es war irgendwie Ende des Jahres und dann denkt man ja immer so an das vergangene Jahr und auch ans nächste und ich bin eines Abends raus zum Spazieren. Ich bin im Stockdunkeln hier durch den Wald und ich hatte so krass Schiss, dass irgendwo ein Axtmörder hinterm Baum auf mich wartet ...«

»Sehr realistische Einschätzung des Gefahrenpotenzials«, schmunzelt Jesus. »Habe vor Kurzem erst von einem Axtmörder gelesen, der im schwedischen Wald verendet ist. Er hatte wochenlang auf einen Spaziergänger gewartet, aber es kam einfach keiner.«

»Sehr witzig. Na ja, auf jeden Fall bin ich durch den Wald und habe dann angefangen, so christliche Lieder zu singen, die ich noch konnte ...«

»Spätestens ab diesem Zeitpunkt wäre der Axtmörder wohl zum Axtselbstmörder geworden«, wirft Jesus augenzwinkernd ein. Ich ignoriere ihn.

»Und ... dann habe ich da im dunklen schwedischen Wald angefangen zu beten. Aber ich habe so richtig laut gesprochen.«

Ich mache eine kurze Pause und schaue Jesus an. Er nickt mir lächelnd zu.

»Und dann habe ich Gottes Stimme gehört, wie er mir geantwortet hat«, sage ich. »Und das hat mich so umgehauen. Ich habe geweint, als gäb's kein Morgen mehr. Und die wartenden Axtmörder habe ich auch glatt vergessen. Das war das einzige Mal in meinem Leben, dass mir so was passiert ist. Aber es war hier im Wald in Schweden und es war wie ein richtiges Gespräch mit Gott ...«

Ich habe Tränen in den Augen. Es berührt mich immer wieder, wenn ich davon erzähle. Mein vermutlich persönlichster Gottes-Moment. Den ich in dieser Intensität so nie wieder hatte, und dennoch weiß ich seitdem, wo ich mich Gott eigentlich immer nahe fühle: in der Natur. Und meistens gilt: je einsamer, unberührter oder beeindruckender die Natur, desto stärker ist dieser Gottes-Moment.

»Worüber hast du mit meinem Vater damals gesprochen?«, fragt mich Jesus.

»Du weißt es doch«, sage ich.

»Erzähl es mir trotzdem.«

In dem Moment kommt Trixi mit Geschirr und Besteck auf die Veranda zurück.

»Er hat mir *sie* versprochen«, sage ich.

»Wer hat was versprochen?«, fragt Trixi irritiert.

»Schon gut«, antworte ich ihr.

»Und er hat Wort gehalten, nicht wahr?«, sagt Jesus.

Ich nicke. Ja, das hat er. Und wie er das hat.

»Das ist genau das, was ich mit dem Eis vorhin meinte«, sagt Jesus. »Es liegt nicht an dir, ob sich das mit dem Glauben und Gott bewährt. Das Eis wird nicht dicker oder dünner durch dich …«

»Klimawandel?«, werfe ich ein.

»Du weißt, was ich meine«, sagt Jesus.

Ja, das tue ich. Das Eis trägt. Der Glaube trägt. Zumindest mich. Immer wieder. Unabhängig davon, was ich tue. Aber spüren und erleben tue ich es natürlich nur, wenn ich das Eis auch betrete.

»Aber weißt du, Jesus, es fällt mir trotzdem immer wieder schwer, dem Eis zu vertrauen. Nach einer Weile frage ich mich dann halt doch wieder: Hält es immer noch? Hält es auch an dieser Stelle?«

Jesus schaut zu mir herüber. »Mein Vater hält, was er verspricht. Vertrau mir.«

»Und auch Martin hält, was er versprochen hat!«, ruft Trixi aus der Küche und kurze Zeit später kommt Martin mit seinen ersten selbst gemachten Nudeln mit Tomatensoße.

Er sieht fast ein wenig stolz aus, als er uns dann sogar noch jedem die Teller auffüllt.

»Guten Appetit!«, wünscht uns Martin, während die letzten Sonnenstrahlen am Horizont verschwinden. Bald wird das Mückenimperium wieder zurückschlagen. Ich halte für einen Moment die Luft an. Höre den Wind rauschen und Martin schmatzen. Jesus hat sich zurückgelehnt und die Augen geschlossen. Ich schaue Trixi an und unsere Blicke treffen sich. »Ich liebe dich«, formt sie lautlos mit den Lippen. »Und ich dich erst«, gebe ich genauso lautlos zurück. Dann atme ich tief ein. Es fühlt sich an, als würde mich das Glück durchfluten. Aber in Wirklichkeit ist es noch viel besser. Denn ich glaube, ich wurde gerade shalomisiert.

Sinnfluenza

»Warum bist du eigentlich Pastor geworden?«, fragt mich Martin kauend.

Wir sind immer noch in Schweden. Aus einer Woche sind dann irgendwie zwei geworden. Heute fahren wir aber wirklich zurück. Glaube ich. Na ja, mal sehen. Jetzt machen wir erst mal zum Abschluss unseres kleinen Sommerurlaubs Restegrillen.

»Werft mal die Bananen rüber«, ruft uns Trixi zu, die mit Jesus den Grillmeister gibt. »Gegrillte Banane?«, rufe ich unsicher zurück.

»Restegrillen ist Restegrillen ist Restegrillen!«

Wenn sie meint. Solange niemand auf die Idee kommt, den Rest des guten japanischen Whiskeys wegzugrillen ...

»Also?«, hakt Martin nach.

»Ich wollte schon immer lange schwarze Kleider während der Arbeit tragen.«

»Ja, habe schon auf deinem Blog gelesen: Du liebst den Talar.«

Ich nicke. Ich liebe ihn so sehr, dass ich mir glatt mal ›10 Gründe, warum PastorInnen einen Talar tragen sollten‹ ausgedacht habe. Und Grund 6 hättest du nicht für möglich gehalten. Scherz. Aber Grund 7 wird dich schocken!

»Martin, würdest du denn heute noch den Talar tragen wollen?«

»Tadaa!«, trötet Trixi und bringt einen Teller mit Bratwürstchen zu uns auf die Veranda.

Martin schüttelt den Kopf. »Ne du, das ist so ähnlich wie mit meiner Bibelübersetzung.«

Wir nehmen uns beide eine Bratwurst. Ich mit der Gabel, Martin mit seinen Wurstfingern.

»Wie meinst du das?«, frage ich.

Martin schnaubt und versucht sich zugleich die Wurst in einem Rutsch einzuverleiben. Würde es das Wort Ästhetik noch nicht geben, müsste man es hierfür auch nicht erfinden.

»Also«, sagt Martin, während sein Mund noch mitten im Prozess der Bratwurstkomprimierung ist, »sagen wir mal so: die sogenannte *lutherische* Kirche hat mich in echt vielen Punkten ziemlich hart missverstanden. So unter uns: Ich habe schon ein paar Mal überlegt, ob ich nicht wieder Katholik werden sollte.«

Da fällt mir doch glatt die Gabel aus der Hand. »Was bitte? Und dein Streit mit dem Papst?!«

»Ja, also ich muss sagen: Seine Antworten auf meine letzten Mails waren durchaus überzeugend. Manche Differenzen werden wir wohl nicht mehr ausräumen, aber ich wollte ja nie eine Abspaltung von der katholischen Kirche, und wenn ich jetzt nicht gerade mit der neuen Bibelübersetzung beschäftigt wäre – ich glaube, ich würde mich dann für Fusionsgespräche ordentlich stark machen!«

Ich nicke. Im Prinzip geht mir das auch schon seit Langem auf den Keks, dass wir da nicht endlich wieder einen Laden draus machen. Na gut, wäre dann vielleicht schon ein Gemischtwarenladen, aber *so what*.

»Und was stört dich jetzt so stark an der lutherischen Kirche?«

»Alles.«

»Und im Ernst?«

»He! Habt ihr noch mehr Bratwürste? Ich verhungere hier gleich!«, ruft Martin den Grillmeistern zu.

»Du hast noch so viel Fettreserven, du würdest monatelange Quarantäne überleben!«, schallt es von Jesus zurück.

»Punkt für Jesus«, stelle ich fest.

»Ach«, sagt Martin, »die heutige lutherische Kirche hat mich doch so ziemlich in allem missverstanden. Anstatt meinen Prinzipien zu folgen, halten sie lieber an möglichst exakt dem fest, wie ich es damals gemacht habe! Ich meine: Da arbeiten die besten Experten der heutigen Zeit an einer neuen Bibelübersetzung – mit welchem Ziel? *Meiner* Übersetzung von vor fünfhundert Jahren möglichst nahe zu kommen! Geht's noch?!«

Ja, was weiß ich, ob's noch geht. Aber mir kommt ein Gedanke. »Hey, Jesus! Wir diskutieren hier gerade über Bibelübersetzungen. Welche liest du denn eigentlich?«

»Ach«, sagt Martin immer noch aufgebracht, »der liest doch überhaupt gar nicht in der Bibel, der ist mir da leider keine Hilfe.«

Hm, denke ich mir. »Und hast du das der evangelischen Kirche schon mal geschrieben?«

»Ja, aber die haben überhaupt kein Verständnis gezeigt!«

»Ach Martin, aber die meinen das doch alle nur gut. Woher sollen wir denn heute wissen, was in deinem Sinne wäre?«

»Pah!«, ruft Martin laut aus. »Du meinst, woher die wissen sollten, dass ich – der damals die Top 10 der Charts mit neuen

Texten in die Kirche gebracht hat – im Jahr 2021 nicht dafür bin, dass wir immer noch vor allem Lieder von vor ein paar hundert Jahren im Gottesdienst singen?«

»Punkt für Martin!«, höre ich Jesus rufen.

»Was würdest du denn lieber für Musik im Gottesdienst haben?«, frage ich den aufgebrachten Reformator zurück.

»Alexa, spiele ›Frei wie der Wind‹ von Santiano«, antwortet Martin. Stille.

»Dir ist klar, dass wir hier keine Alexa haben?«

»Verdammt! Jesus, spiele ›Frei wie der Wind‹ von Santiano!«, ruft Martin Richtung Grill.

»Ich habe dich leider nicht verstanden«, kommt es von dort zurück.

»Ach egal«, sagt Martin und stimmt das Lied selbst an: »*An Bord sind alle …*«

»Halt! Stopp!«, ruft Jesus und rennt ins Haus. Sekunden später ist er mit Gitarre, Laptop und Bluetooth-Box in der Hand zurück. »Wir haben das doch schon geübt!«

Ich schaue dem überraschenden Schauspiel interessiert zu. Trixi hat sich auch verwundert an das Geländer der Veranda gelehnt.

Martin hängt sich die Gitarre um, Jesus baut Laptop und Bluetooth-Box vor sich auf.

»Wusstest du, dass die beiden zusammen Musik machen?«, frage ich Trixi. Sie schüttelt den Kopf.

»Lady and Gentleman«, beginnt Jesus und schaut dann zum Grill. »Ich rieche, dass unsere Bratwürste acrylamidisiert werden, aber was soll's! Sie sehen jetzt die erste Singleauskopplung von DJ J und Dr. Mar!«

Okay, wenn die Musik das gleiche Niveau wie die Künstlernamen erreicht, dann werde ich gleich tief in den Wald laufen müssen.

»3 – 2 – 1«, zählt Jesus runter, klickt irgendwas auf dem Laptop an und dann legen die beiden los. Aber hallo!

»Wir sind frei, frei wie der Wind.
Wir sind frei, wir sind, wer wir sind.
Wir sind stolz, ohne Scheu,
unzertrennlich und treu.
Wir sind frei wie der Wind.«

Trixi und ich wippen zu Jesus Beats und schauen verwundert auf Martins Fingerfertigkeiten. Ich meine: mit den Fingern … Respekt!

»Das ist Musik, die unseren Kirchmauern Risse in die Fassade reißen sollte!«, ruft Martin in das Lied hinein. »Klar, man muss da mal mehr und mal weniger umdichten, aber kommt schon – auf so was habe ich Bock!«

Trixi pfeift frenetisch zustimmend. Ich habe vorsorglich meine Feuerzeug-App gestartet. Jesus legt noch mal einen Beat gratis oben drauf und Martin läuft Gitarre spielend über die Veranda, als hätte Coldplay mit ihm einen Workshop in Bühnenpräsenz gemacht. Ich schaue mich unsicher um. Es würde mich nicht wundern, wenn sich gleich das gesamte schwedische Dorf und die Elche der Region bei uns im Garten versammeln.

»Ohne Grenzen, ohne Mauern ans Ende dieser Welt.
Komm mit uns auf große Fahrt.
Kein Sturm zerstört die Bande, die uns zusammenhält. Komm mit uns auf große Fahrt.«

Trixi hat alle Zurückhaltung aufgegeben und singt mit Martin Rücken an Rücken stehend lauthals mit.

»Wirst du heut' mit uns gehen,
dann wirst du es verstehen.
Denn Freiheit ist und Freiheit ist dein Lohn.«

Leider hat das neue Traumduett der deutschen Volksmusik bislang nur ein Lied vorbereitet, sodass wir wenig später wieder bei (gar nicht sooo sehr verkohlten) Bratwürsten und Bratbananen zusammensitzen.

»Eigentlich höre ich ja am liebsten Hip-Hop«, gibt Martin zu. »Aber Santiano kickt mich auch immer wieder. Und dann noch die Beats von Jesus … geile Scheiße, oder?«

Trixi und ich nicken, immer noch beeindruckt. Auch wenn uns schon länger klar war, dass zumindest beim Musikgeschmack von Jesus so manch konservativem Kirchgänger aufgefallen wäre, dass der Messias *himself* nicht mehr alle Gesangbücher im Schrank hat.

Ich sage nur: Sein Lieblingskonzert ist eine Konzertaufzeichnung von Taylor Swift (hat er auf Netflix gesehen) und sein größter Wunsch zu Weihnachten ist, dass er Karten für die »Helene Fischer Weihnachtsshow« von uns bekommt. Was, so nebenbei gemerkt, sich als gar nicht so einfach herausstellt.

»Jonas wollte mir vorhin erzählen, warum er Pastor geworden ist!«, fällt Martin da wieder unser begonnenes Gespräch vor dem Santiano-Cover ein.

»Glaub mir: Ich wollte eigentlich nie Pastor werden!«, fange ich an. Was tatsächlich stimmt. Ich wollte nie so ein ›Berufschrist‹ sein, sondern dachte mir: Ich lern was Anständiges und bin halt ein ›normaler‹ Mensch – nur mit christlichem Glauben, und kann neben meiner Arbeit in einer Gemeinde ordentlich mitrocken. Aber wie das dann manchmal so ist: Meine Pläne haben sich nicht als sehr zielführend erwiesen.

»Mein Schlüsselerlebnis war«, erzähle ich weiter, »als ich Praktika in verschiedenen journalistischen Bereichen gemacht habe. Da habe ich gemerkt: Ich mach das zwar gerne, aber mein Herz hängt nicht dran.«

»Und zack hast du dann stattdessen Theologie studiert?«

»Ne! Ich habe dann kurze Zeit später in der Redaktion gekündigt und mich hingesetzt und zu Gott gesagt: ›So mein Lieber. *Meine* Pläne waren irgendwie nicht so optimal und wenn du einen Plan für mein Leben hast, dann würde ich den jetzt gerne hören‹.«

»Und dann kam eine Stimme vom Himmel und hat gesagt: ›Du wirst Pastor, Jonas!‹?«

»Auch nicht. Es sind dann ein paar Monate vergangen. Ich habe mir Gedanken gemacht und habe einfach viel gebetet. Und auch wenn keine Stimme vom Himmel kam, ich hatte echt gute Gespräche und auch einfach krasse Begegnungen und am Ende war es für mich klar: Da geht es jetzt lang!«

Trixi lächelt wissend. Sie hat die Geschichten natürlich schon tausend Mal gehört. Mindestens.

»Was war die eindrücklichste Begegnung für dich?«, fragt sie mich trotzdem.

Ich denke kurz nach und sage dann: »Mich haben echt mehrfach wildfremde Menschen angesprochen. Nach Gottesdiensten. Auf der Straße. Im Bus. Und die haben mich dann – ohne scheiß jetzt – gefragt, ob ich mir gerade Gedanken mache, was ich werden soll. Und wenn ich dann vorsichtig mit ›Ja‹

geantwortet habe, dann haben die mir gesagt, dass sie glauben, ich solle Pastor werden.«

»Kranker Shit!«, ruft Martin aus.

»Ich erinnere mich daran«, sagt Jesus schmunzelnd. »Mein Vater und ich hatten unseren Spaß in der Zeit.«

Trixi runzelt die Stirn. »Sag mal, Jesus, habt ihr für jeden Menschen einen Plan für's Leben?«

Jesus schüttelt energisch den Kopf. »Nein, nicht so, wie du Plan jetzt meinst. Aber klar hat mein Vater gute Ideen für jedes Leben!«

Ich schaue Jesus mit großen Fragezeichen in meinen Augen an. Trixi sieht auch nicht viel besser aus. Martin hat herausgefunden, dass er sogar zwei Bratwürste gleichzeitig in seinem Mund verstauen kann.

Jesus versucht es erneut: »Na, am Ende geht es darum, dass jeder Mensch doch irgendwie Sinn in allem und jedem sucht. Auch im eigenen Leben. Und da ist man bei meinem Vater und mir genau an der richtigen Adresse!«

»Da werden Sie geholfen«, nuschelt Martin durch sein Bananen-Wurst-Gemisch.

Jesus sieht uns an, dass wir noch nicht so ganz bei ihm sind, und versucht es erneut. »Okay, anders gesagt: Ihr wisst, was das wahre Problem dieser Welt ist?«

»Der Kapitalismus?«, wirft Martin ein.

»Nein. Unzufriedenheit«, sagt Jesus. »Unzufriedenheit ist die Wurzel alles Bösen. Wer zufrieden mit sich und seinem Leben ist, der ist friedlich. Freundlich. Je zufriedener die Welt, desto weniger Gier. Desto weniger Ungerechtigkeit. Desto weniger Gewalt.«

»Okay, die These haben wir glaube ich geschnallt«, sage ich.

»Ja und da kommt jetzt mein Vater mit seinen guten Ideen für euer Leben ins Spiel. Denn diese Ideen bewirken Zufriedenheit und Erfüllung.«

»Reden wir hier also über den Sinn des Lebens?«, frage ich in die Runde.

Jesus nickt. »Wenn du es so nennen willst. Nur dass es nicht *den* Sinn gibt. Aber ehrlich, ich sage euch: Fragt meinen Vater nach seinen guten Ideen für euer Leben und ihr werdet zufrieden und erfüllt von ihnen sein.«

Trixi und ich nicken. Joa, klingt schon irgendwie vernünftig. Ich glaube, das können wir beide persönlich im Großen und Ganzen bestätigen. Wobei es aus meiner Sicht meistens eine Sache ist, zu fragen, und eine andere Sache ist, auch Antworten zu erhalten.

»Vielleicht solltest du beim Beten manchmal weniger reden und dafür mehr hinhören«, schlägt Jesus vor. Ich fühle mich durchaus ertappt und antworte lieber nicht.

»Sagt mal, wollt ihr keine Würstchen und Bratbananen mehr?«, fragt Martin, der mit den wirklich wichtigen Fragen des Lebens beschäftigt ist.

»Ich nehme noch so eine Banane!«, sage ich.

»Das war eine rhetorische Frage«, antwortet Martin missmutig.

»Ich gehe davon aus, dass du darüber auch im neuen Evangelium schreibst?«, erkundige ich mich bei Jesus.

»Das mit den Bananen?«

Ich verdrehe die Augen und Jesus zwinkert mir zu.

»Ein bisschen Spaß muss sein …«

»Jaja«, sage ich. »Dann ist die Welt voll Sonnenschein. Aber bei zu viel Spaß gibt's dann entsprechend zu viel Sonnenschein und das macht Hautkrebs. Daher zurück zu meiner Frage, ob du auch im neuen Evangelium über den Sinn des Lebens schreibst?

»Ja ... theoretisch schon«, antwortet Jesus. »Aber habt ihr mich die letzten zwei Wochen schreiben sehen?«

Ich überlege. Ne, habe ich nicht. Dafür hat Jesus wieder seine Schläferfähigkeiten gezeigt. Wenn ich so einen Schlaf wie Jesus hätte ... ey ... ich würde ... ja gut. Schlafen vermutlich.

Jesus nickt mir zu und sagt: »Ja, schlafen kann ich immer gut. Aber hier im Urlaub habe ich ärgerlicherweise zusätzlich viel zu viel Zeit mit dieser verfluchten Snooze-Funktion verschlafen! Glaubt mir: Das hat der Teufel persönlich programmiert!«

»Gibt es denn überhaupt einen Teufel?«, fragt Trixi.

Jesus schaut sie irritiert an. »Na sichi!«

»Und wie ist der so?«

»Ja, scheiße, was denn sonst? Aber wir haben auch schon seit Ewigkeiten keinen Kontakt mehr zu ihm.«

Klassische Kontaktbeschränkung, denke ich mir.

Jesus antwortet: »Ne, eher dauerhaftes Einreiseverbot.«

»Wobei sich dann die Frage stellt, ob der Teufel sich nicht bei einer geplanten Einreise auf Bosheit testen lassen könnte und bei negativem Ergebnis würde er ins Himmelreich gelassen?«

Jesus schüttelt energisch mit dem Kopf. »Wir fahren da eine Null-Toleranz-Politik.«

»Fang bloß nicht wieder mit deinen radikalen Tendenzen an«, fährt Trixi Jesus leicht von der Seite an. »Ich sag dir: Wenn ich das Himmelverfassungsgericht wäre, ich würde dich schon längst unter Beobachtung stellen!«

»Bei meinen Kontakten?«, belustigt sich Jesus über Trixis Vorschlag. »Mein Vater kennt da doch alle höchstpersönlich. Als ob die jemals gegen mich vorgehen würden!«

Trixi schüttelt nur den Kopf und ich stoße Martin unterm Tisch an.

»Was los?«

»Ich habe mir dein neuestes YouTube-Video angesehen …«

»Ja und?«

»›Die Zerstörung der großen Internetgiganten‹? Und dann mit diesem YouTuber Rezo gemeinsam? Musste das sein?«

»Ja, das musste sein! Ich habe festgestellt, dass mein wahrer Gegner im Kampf für die Lieferboten gar nicht DHL und Co. sind, sondern …«, Martin beginnt verschwörerisch zu flüstern, »Du-weißt-schon-wer – und gegen den waren meine Auseinandersetzungen mit dem Papst anscheinend nur Kindergarten!«

»Nein-ich-weiß-nicht-wer«, flüstert Trixi genauso verschwörerisch zurück.

»Es geht um den Chef eines großen Internetversandhändlers, aber ich darf den Namen nicht laut aussprechen. Er hört doch mit!«, flüstert Martin weiter und deutet mit dem Kopf auf Alexa.

»Wenn du möchtest, dann kann ich bei Bill Gates versuchen, ein gutes Wort für dich einzulegen«, bietet sich Jesus Martin an.

Ich schaue Jesus verdutzt an. »Du hast mit Bill Gates Kontakt?«

»Ja, aber natürlich! Irgendwer muss den reichen Leuten doch sagen, was sie Sinnvolles mit ihrem Geld machen sollen, oder nicht?«

Argument, da hat er natürlich recht.

»So ihr drei, ich würde sagen: aufräumen, putzen und dann geht's zurück nach Hause, oder?«, bereitet Trixi dem gemütlichen

Sinnieren beim Restegrillen ein Ende. Wir drei sind einverstanden und machen uns ans Aufräumen.

»Moment! Ich habe da noch einen Vorschlag«, hält Trixi uns gleich wieder auf. »Martin und Jesus, was haltet ihr davon: Wir machen einen kleinen Putz-Contest zwischen euch. Jeder bekommt ein Bad zugeteilt und eine unabhängige Jury – bestehend aus mir – entscheidet anschließend, wer besser geputzt hat. Der Gewinner ist einen Monat vom Putzdienst im Pastorat befreit.«

Martin schaut Jesus prüfend an. Ich bin mir sicher, dass Jesus gerade versucht, seine Gedanken zu lesen. Aber der ist da natürlich schon deutlich trainierter als ich. Schließlich stimmen beide zu.

Knappe zwei Stunden später glänzen beide Bäder wie neu. Das Juryergebnis wird jedoch vertagt. Eine kluge Entscheidung. Schließlich wollen wir ja alle noch ohne Streit auf der Rückbank nach Hause kommen.

»Na dann, raus mit euch und ab ins Auto!«, sagt Trixi, die bei uns übrigens immer fährt. Sicher ist sicher. Unsere beiden Gäste dürfen auf die Rückbank und ich mache es mir auf dem Beifahrersitz bequem.

»Kannst du noch ein Stück nach vorne rücken?«, fragt mich der hinter mir sitzende Jesus.

»Wer durch geschlossene Türen gehen kann, wird doch bestimmt auch seinen Beinen anderweitig Platz verschaffen können«, entgegne ich leicht schnippisch.

»Jetzt mach schon!«, meckert Jesus zurück. Na gut, wollen wir mal nicht so sein. Er muss ja auch noch später verkraften, dass er den Putz-Contest verloren hat.

»WAS?«, ruft Jesus da laut aus. »NIEMALS!«

Verdammt. Er hat das natürlich mitgehört.

»Die Kindersicherung ist drin?«, frage ich Trixi. Sie nickt. »Dann lass uns mal lieber schnell losfahren, bevor das dahinten eskaliert.«

Die nächsten Stunden zanken sich Jesus und Martin auf der Rückbank natürlich trotzdem intensiv über ihre Putzkünste. Aber Trixi und ich haben uns auf ausgleichender Lautstärke ein Hörbuch angemacht und irgendwann schlafen die beiden erschöpft ein. Martin leicht schnarchend mit dem Kopf ans Fenster gelehnt, Jesus mit offenem Mund, das Gesicht an Martins Schulter gekuschelt.

»Denkst du, Jesus würde sich als ›Sinnfluencer‹ bezeichnen? So wie einige dieser erfolgreichen christlichen Influencer auf Instagram und Co.?«, frage ich Trixi.

»Ich mag das Wort nicht. Ich höre immer nur Influenza«, antworte ich.

»Haha! Dann nennen wir ihn einfach Sinnfluenza!«

»Und was soll das sein?«

»Na ja, Jesus ist im positiven Sinne wie so ein Grippevirus. Und wer sich ansteckt, bei dem kann es passieren, dass sich im eigenen Leben Sinn ausbreitet.«

Trixi schmunzelt. »Okay, aber ist Jesus die Sinnfluenza oder hat er sie?«

»Gute Frage! Ich glaube, er ist die Sinnfluenza. Oder von ihm geht die aus? Auf jeden Fall kann man sich dann quasi bei ihm mit Lebenssinn ›anstecken‹.«

»Was bedeuten würde, dass – wenn ich von Jesus jetzt zum Beispiel die Sinnfluenza bekommen habe – ich auch dich damit anstecken könnte?«, spinnt Trixi den Gedanken weiter.

»Und dann gibt es eine Inkubationszeit?«

»Oder am Ende sucht jemand einen Impfstoff dagegen?«

»Ja«, gebe ich zu Bedenken, »vielleicht sollten wir das mit den Gleichnissen doch lieber Jesus überlassen. Auf der anderen Seite: Dann kommt am Ende vielleicht auch nur wieder so ein dämlicher und altmodischer Tiervergleich raus.«

»Aber ob das nach 2020 in der Welt so gut ankäme, wenn sich Jesus als Sinnfluenza beschreiben würde? Ein neues Ich-bin-Wort von ihm: ›Ich bin die Sinnfluenza‹? Oder wenn er schreiben würde: ›Mit dem Reich Gottes ist es wie mit einem Grippevirus‹?«

»Wie auch immer wir das am Ende nennen«, sage ich, während es draußen anfängt zu regnen, »was würde Jesus jetzt sagen?«

»Dass er es unendlich gemütlich findet, bei Regen mit dem Auto durch die Nacht zu fahren?«, rät Trixi.

»Auch. Aber ich meine: Er würde sagen, dass nicht die Worte, sondern der Inhalt entscheidend ist. Von daher … lass uns einfach dabei bleiben und den Leuten da draußen von Jesus als hochgradig ansteckender Sinnfluenza erzählen.«

Trixi schmunzelt. »Ich freue mich schon auf den Bericht in der Zeitung: ›Pastor verbreitet erneut unkontrolliert Lebenssinn nach Urlaub in Schweden‹.«

Ich lächle bei dem Gedanken. Das wäre auf jeden Fall mal eine interessante Schlagzeile.

»Stört's dich, wenn ich ein wenig Musik statt Hörbuch anmache?«, fragt mich Trixi.

»Solange es nicht Santiano oder Helene Fischer ist …«

»Ich habe hier auch ein paar hervorragende Orgelkonzerte im Angebot!«, sagt Trixi lachend.

»Hör mir auf!«, versuche ich das Ungemach abzuwehren.

»Mach mal *Flying Bach* an«, murmelt Jesus schlaftrunken von der Rückbank.

»So Gott will«, meint Trixi und wählt die entsprechende Spotify-Playlist aus.

Wir lauschen dem Mix aus Klassik und Elektromusik. »Nicht schlecht. Wenn auch nicht so gut wie eure Mucke«, sage ich nach ein paar Minuten Richtung Rückbank.

»Ich weiß«, nuschelt Jesus leise und mit einem Lächeln im Gesicht. »Aber meine Beats sind ja auch nicht von dieser Welt.«

Energy

»Gleich kotzt sie Jesus voll«, sagt Trixi angeekelt.

»Sie schafft das«, erwidere ich. Und das hoffe ich wirklich. Zum Wohle aller Beteiligten und Anwesenden. Keine Ahnung, wie der Sohn Gottes reagiert, wenn man ihm auf die schöne neue Jogginghose bricht. Ich mein: Klar steht Jesus auf Offenbarungen. Aber ob dazu auch Offenbarungen des Mageninhaltes fremder Menschen gehören?

Wir vier sind im Nachtbus unterwegs zum Hauptbahnhof. Von dort geht es dann weiter in die Schweiz, Freunde besuchen. Leider waren die Bahntickets für die Fahrt morgens um 3:20 Uhr verlockend günstig (Zitat Jesus: »Versuchungen wie diese sind vom Teufel« – Martin hat das jedoch umgehend vehement dementiert). Das günstige Ticket zur nächtlichen Stunde hat uns dann aber eben auch den Nachtbus als einzig mögliche Verbindung zum Hauptbahnhof eingebrockt. Eigentlich eine entspannte Sache. Na ja. Eigentlich.

Wenn nicht kurz nach uns auch zwanzig Jugendliche in den Bus gestiegen wären, bei denen ich mir nicht sicher bin, ob man noch von zu viel Alkohol im Blut oder schon von zu wenig Blut im Alkohol sprechen sollte. Zum Glück hat sich die Meute größtenteils in den hinteren Teil des Busses verkrochen. Zu unserem

Unglück hat sich aber der Teil der Partypeople zu uns nach vorne gesetzt, deren Körper am stärksten über eine spontane Magenentleerung sinnieren. Dabei machen wir uns besonders Sorgen um ein Mädchen, dass sich ausgerechnet neben Jesus gesetzt hat.

»Ich bin mir nicht sicher, inwiefern Jesus sich seines Risikos bewusst ist«, sagt Trixi zur Freude des Genitivs (nein, der sitzt nicht mit uns im Bus), als Jesus ein Gespräch mit dem Mädchen beginnt. Wenige Minuten später kennen wir drei, die natürlich unauffällig mithören, den Grund der Misere. Der blöde Kevin (jap, wirklich Kevin), hat heute Abend fremdgeknutscht. Wo Kevin denn sei, will Jesus wissen. Das Mädchen deutet nach hinten in den Bus.

»Dem werd' ich's aber zeigen!«, ruft Jesus aus und steht auf. Aber sie hält ihn bestimmt am Arm fest. »Bist du bescheuert? Was soll er dann über mich denken?«

Vielleicht, dass du dir so was nicht gefallen lässt, denke ich mir. Ist aber auch ein gewagter Gedanke, das gebe ich zu.

Jesus lässt sich wieder neben das Mädchen fallen. Sie stützt ihren Kopf mit beiden Händen auf der Rücklehne des Vordersitzes ab. Jesus tut es ihr gleich.

»Ob Jesus jetzt auch schlecht geworden ist?«, fragt Trixi. »Ich hoffe nicht!«, sage ich. »Wir können nicht noch einen von der Sorte hier im Bus gebrauchen. Aber eigentlich geht ja eine positive Energie von Jesus aus, wenn man ihn berührt. Und keine negative in ihn rein.«

Ich schaue Jesus und das Mädchen an. Sie kämpft. Und irgendwie sieht es so aus, als würde Jesus mitkämpfen.

Trixi stupst mich an. »Erstaunlich, wie Jesus mit Jugendlichen ist, oder?«

Ich nicke. Das ist es wirklich. Wobei ich eigentlich am beeindruckendsten finde, dass er das mit allen Menschen kann. Ganz klar: Master of Arts in sich immer auf Augenhöhe begeben können.

»Weißt du noch, als er vor Kurzem mit in unserem Konfirmandenkurs war?«, fragt mich Trixi. Sie ist zwar eigentlich Gemeindepädagogin in einer anderen Gemeinde, aber zu meinem Glück leitet und gestaltet sie auch den Konfi-Kurs bei mir in der Gemeinde mit.

Ich nicke ihr zu. Natürlich weiß ich das noch. Normalerweise ist es bei uns so, dass meine Konfis mich ertragen und Trixi lieben. Aber selbst sie war abgemeldet, als Jesus da war. Völlig anders war es übrigens mit Martin. Den hatte ich schon vor längerer Zeit mal mitgenommen. Ich dachte, er könnte den Konfis was über sich und sein Leben erzählen. Na ja. Lief so semi. Er hat ziemlich schnell angefangen, die Konfis nach aus seiner Sicht wichtigen Glaubensinhalten abzufragen. Und da selbst ich die Antworten auf seine Fragen nicht kannte, ist er dann irgendwann wutentbrannt gegangen.

»Wie heißt du eigentlich?«, höre ich Jesus das Mädchen fragen.

»Sky«, antwortet diese. Jesus runzelt die Stirn, aber sagt nichts.

»Ihm wäre ›*Heaven*‹ bestimmt lieber gewesen«, flüstert Trixi mir zu und ich nicke zustimmend.

»Und du?«, fragt Sky zurück.

»Jesus.«

»Wie der Jesus von Weihnachten?«

»Ich bin der Jesus von Weihnachten«, offenbart sich Jesus Sky.

Sie schlägt ihm daraufhin kumpelhaft mit der Faust auf die Schulter und sagt in einer Mischung aus Freude und Irritation: »Ey, man sieht dir gar nicht an, dass du auch voll drauf bist!«

Jesus schüttelt den Kopf. Trixi und ich versuchen unser Grinsen zu unterdrücken. Martin hält sich bislang zum Glück zurück. Vielleicht verfasst er auch nur gerade innerlich eine Streitschrift über die Verdorbenheit der heutigen Jugend.

Sky scheint es auf einmal deutlich besser zu gehen. Sie steht auf und brüllt nach hinten in den Bus: »Ey Leute, neben mir sitzt Jesus von Weihnachten, voll krass!«

Das lässt sich der menschgewordene Alkoholpegel nicht zwei Mal sagen und schwappt zu uns nach vorne. Klasse.

»Hey cool, Alter«, sagt ein Typ in Lederjacke, der offensichtlich in Parfüm gebadet hat. »Du bist Jesus? Ich bin Kevin! Trinkst du einen mit uns?«

»*Der* Kevin?«, fragt Jesus Kevin.

»Alter, wer soll ich sonst sein? Mutter Maria oder was?« Die Masse lacht gröhlend und Sky hält Jesus beschwichtigend eine Hand vor die Brust.

»Komm schon, trink einen mit uns!«, wiederholt Kevin sein Lebensmotto.

Martin wird es zu viel und er drängelt sich durch die Masse nach hinten, wo jetzt keiner mehr sitzt.

»Du musst erst den Wodka und dann den Energy, dann brennt's weniger!«, klärt Kevin Jesus auf. Ein Gourmet, dieser Kevin! Jesus nimmt artig einen kräftigen Schluck vom Wodka Gorbatschow und spült ihn mit einem Energydrink aus der 1,5 l PET-Flasche runter.

»Bist du jetzt in echt Jesus von Weihnachten?«, fragt Sky. Jesus nickt.

»Aber bist du nicht schon voll lange tot oder so?«

»Diggah, Jesus ist schon krass lange tot!«, weist Kevin Sky zurecht. »Der ist schon locker vor Hitler gestorben!«

Ganz knapp, denke ich. Das war ja auch das Problem. Dass Jesus leider kurz vor Hitler gestorben war und ihn deshalb nicht mehr aufhalten konnte.

»Aber ich bin zurückgekommen!«, versucht Jesus sich zu erklären.

»Ey das ist wie in dem Film mit Hitler, wo der auch wiederkommt!«, ruft Kevin. »Und wir sind wie die Typen, die ihn finden. So krass ey!«

Ja, Kevin. *You got it.* Er ist wieder da. Also. Er ist auch wieder da. Und das mit Jesus ist so krass ey.

Plötzlich kommt eine schüchterne Stimme aus der Jesus bedrängenden Alkoholmasse. »Tat es weh zu sterben?«

Kevin dreht sich abrupt um.

»Was redest du für einen Scheiß? Das ist Jesus von Weihnachten! Jesus tut nichts weh!«

»Kevin«, sagt Jesus. »Ich finde die Frage gut.«

»Sind wir in der Schule oder was? Scheiß Streberin ey!«, versucht die laufende Parfümerie zu witzeln, aber kaum jemand lacht.

Jesus steht auf und setzt sich auf die Rückenlehne vor seinem Sitz. Mit der rechten Hand hält er sich an einer der Stangen fest. Mit der linken stützt er sich an der Trennscheibe zum Ausgang ab.

Und während Wodka Gorbatschow und Billo-Energydrink munter durch die Reihen kreisen, erzählt Jesus seinen neuesten Followern was vom Tod. Und vom Sterben.

Sky sitzt direkt vor seinen Füßen, der Rest der Mannschaft hat sich dicht um ihn herum gedrängt. Martin sitzt mit verfinsterter Miene und verschränkten Armen einsam in der letzten Reihe des Busses und beobachtet das Geschehen missmutig. Tja, wie Martin schon selbst festgestellt hat: Online kommt der gute Jesus zwar nicht so an. Da räumt Martin alles ab. Aber so im direkten Kontakt? Ist Jesus einfach der King.

»Wann wusstest du, dass du der Jesus von Weihnachten bist?«, fragt Sky Jesus.

»Ich wusste das am Anfang gar nicht. Ich habe mich immer gewundert, warum ich so krasse Sachen manchmal kann.«

»Ey Jesus ist voll der Avenger!«, stellt Kevin fest.

»Ein was?«, fragt Jesus zurück.

»Superman!«, werfe ich ein. Alle schauen mich wie einen Außerirdischen an. Ich laufe sofort rot an und hebe entschuldigend die Hände.

»Ich wusste immer, dass ich irgendwie jemand Besonderes bin«, erzählt Jesus weiter. Kevin unterbricht.

»So wie ich ey. Ich kenn das. Man fühlt das im Kopf drin!«

»Alter Kevin, du bist besonders. Besonders scheiße«, grölt jemand aus der Gruppe. »Halts Maul, du Huansohn!«, ballert Kevin zurück, nimmt noch einen kräftigen Schluck Wodka und reicht die Flasche an Jesus. Der nimmt sie, aber erzählt erst mal weiter.

»Das war gar nicht so einfach für mich, als ich so alt war wie ihr!«

»Weil es gab kein Internet und kein Handy und so, oder?«, fragt Sky erschrocken.

Exakt. Denke ich mir. Das war natürlich eine der größten Sorgen von Jesus als Teenager. Und dass es keinen Wodka Gorbatschow mit Energy gab.

»Ach, das war kein Problem«, antwortet Jesus, ohne sich über die Nachfrage lustig zu machen. Er kann einfach mit Menschen. Punkt.

»Für mich war es schwer, weil ich zwar irgendwie wusste, dass ich besonders bin. Aber ich konnte mit niemandem darüber reden.«

Viele in der Gruppe nicken. Ich bin mir sicher, dass auch sie häufig keinen zum Reden haben. Passenderweise fragt Kevin dann auch: »Und was hast du dann gemacht?«

»Du meinst, wenn ich keinen zum Reden hatte?«

Kevin nickt, greift nach der Wodka-Flasche, die sich immer noch in Jesus Hand befindet, und nimmt den nächsten kräftigen Schluck.

»Ich habe gebetet!«, antwortet Jesus.

Kevin prustet seinen Schluck Wodka Sky von hinten in die Haare.

»Alter!«, ruft sie aus.

»Du hast gebetet?!«, fragt Kevin lachend.

»Was ist daran so schwer zu verstehen?«, faucht Sky ihren Freund oder Ex – das wird der Abend wohl noch zeigen – an. »Ich bete auch manchmal!«

»Was ist denn bei dir verkehrt?«, sagt Kevin abwertend. Aber die Stimmung ist nicht mit ihm. Ein Mädchen aus der Gruppe traut sich laut zu sagen, dass sie auch schon mal gebetet hat. Ein dicklicher Junge meldet sich. Jesus nickt ihm aufmunternd zu.

»Ich wollte nur sagen, dass meine Oma mit mir immer früher gebetet hat. Ich finde das überhaupt nicht schlimm, dass du auch gebetet hast.«

»Danke dir!«, sagt Jesus. Ob er früher mit seinen Jüngern auch so am Lagerfeuer oder keine Ahnung wo saß? Memo an mich selbst: Frag Jesus bei Gelegenheit mal, wie es mit seinen Jüngern eigentlich damals so war.

»Aber nur damit ihr mich nicht falsch versteht: Ich bete auch heute noch!«, erzählt Jesus weiter.

Kevin guckt weiter skeptisch. Sky nickt zustimmend und fragt dann noch einmal nach: »Ja, aber ab wann wusstest du dann, dass du halt Jesus von Weihnachten bist?«

»Eines Tages kam so ein Energieschub über mich«, sagt Jesus.

Kevins Augen leuchten. Er hält die offene Energydrink-Flasche hoch und brüllt in voller Lautstärke: »*ENERGY!*«

In meinem Kopf macht es: »*Oho, Radio Number One!*« und dann grölt die ganze Gruppe im Takt: »*ENERGY! ENERGY! ENERGY!*«

Irgendwie ja auch eine Form der Anbetung, denke ich mir. Nur vermutlich aus Jesus Sicht noch nicht zu hundert Prozent aufs richtige Ziel gerichtet. Aber das kann ja noch kommen. In den verbleibenden rund zehn Minuten bis zum Hauptbahnhof.

Die Energy-Anbetungsgruppe beruhigt sich wieder und der dickliche Junge mit der betenden Oma meldet sich erneut. Jesus nickt ihm wieder zu.

»Ich wollte fragen …«

Sky unterbricht ihn: »Ey dann frag doch einfach!«

»Ich wollte fragen, ob du auch Stress mit deinen Eltern hattest?«

»Oh ja!«, antwortet Jesus. »Aber anders als ihr, glaube ich. Ich war als Kind viel in der Synagoge ...«

Kevin unterbricht ihn. »Das ist von den Juden so, oder?«

Gar nicht so der doof, der Junge.

»Voll krass mit den Juden und Hitler!«, ergänzt Kevin seinen Beitrag. Na gut. Vielleicht war er einfach viel allein zu Hause. Und vielleicht konnte sein Fernseher nur N24.

Jesus lächelt Kevin an. »Das ist ein anderes Thema. Aber ja: Ich war als Jugendlicher einfach schon mega interessiert an all dem Kram mit Gott. Und ich habe mich oft dann in die Synagoge geschlichen und habe mit den Leuten da diskutiert.«

»Jesus war voll der Papst, ey!«, stellt der dickliche Junge mit der betenden Oma fest.

»Ne, Priester du Spast!«, haut Kevin raus und merkt zugleich, dass das dem Jesus nicht so gefällt.

»Sorry, war nicht so gemeint«, entschuldigt er sich auch direkt.

»Ich bin nicht der Papst und ich bin auch kein Priester. Ich bin der Sohn von Gott«, sagt Jesus.

»Alter, hat Gott Sex gehabt, oder was?«, sagt jemand aus der Gruppe regelrecht schockiert. Jetzt bin ich aber auf die Antwort von Jesus gespannt. Trixi und ich rutschen beide auf unseren Sitzen nach vorne. Was auch immer Jesus sagt, das müssen wir uns für unseren Konfirmandenkurs merken.

»Bekomme ich jetzt keinen Energy mehr, oder was ist hier los?«, fragt Jesus aber erst mal in die Runde.

Er bekommt die Flasche und ein »*ENERGY! ENERGY! ENERGY!*« zurück. Nimmt einen Schluck und sagt: »Ehrlich, ich sag euch: Mit mir und Gott ist das wie mit einer Samenspende.«

»Tüsch diggah!«, kommentiert Kevin und Jesus fährt fort: »Meine Mutter war ja Maria. Und Gott hat gemacht, dass sie schwanger wurde, ohne dass sie mit jemandem Sex hatte.« Jesus hält kurz inne. »Ihr wisst doch, was 'ne Samenspende ist?«

Fast alle nicken.

»Stellt euch das so vor, dass Gott quasi eine Samenspende gemacht hat, die ist dann per WLAN zu Maria gekommen und so bin ich entstanden.«

»Diggah, Maria hat hart gelogen«, grölt Kevin in die Runde, in der viele so aussehen, als würden sie gerade alle vorhandenen Gehirnzellen noch einmal zur Vollversammlung zusammenrufen.

Sky schaut auch etwas skeptisch. »Also bist du dann so Gott und Mensch, Jesus? Weil du von Maria und von Gott bist?«

Jesus nickt.

»Und deine Kinder, sind die dann auch so wie du?«

Jesus lächelt. »Ich habe keine eigenen Kinder.«

»Weil du nicht wolltest oder weil dich keine haben wollte?«, fragt Kevin.

»Als ob er so scheiße aussieht!«, verteidigt Sky Jesus. Man kann sich Jesus auch schön trinken, denke ich mir. Und erhalte von ihm umgehend einen bitterbösen Blick.

Mitten in das schöne Gespräch der kleinen Jüngerschar ertönt die Durchsage vom Busfahrer, dass wir gleich unsere Endstation erreichen. Jesus holt eilig sein Handy raus und sagt: »Hey, bevor ihr geht: Ich bin auch auf Instagram, Facebook und Twitter. Ihr könnt mir gerne folgen.«

Martin lacht laut auf. Alle drehen sich zu ihm.

»Voll gruselig der Typ da hinten«, sagt Sky und verzieht das Gesicht.

»Diggah, wie alt ist Jesus, dass er auf Facebook und Twitter ist?«, denkt Kevin laut.

Dann kommen wir am Hauptbahnhof an. Alle verabschieden sich lautstark von Jesus. Irgendjemand macht auf seinem Handy Musik an.

»Hey, das geht ab! Wir feiern die ganze Nacht!«, dröhnt es blechernd.

»Bis bald, Jesus!«, ruft der dickliche Junge mit der betenden Oma.

»*ENERGY!*«, brüllt Kevin.

Sky rennt noch einmal zurück und umarmt Jesus.

Wir vier stehen vor dem Nachtbus und schauen der Gruppe hinterher. Ich höre, wie Kevin irgendjemandem zuruft: »Ey deine Mutter ist so fett reich, die zahlt sogar Kirchensteuer«, und denke mir, dass Kevins Eltern vermutlich nicht so viel mit Kirche anfangen können. Aber wer weiß, vielleicht können Kevin, Sky und Friends ja in Zukunft mehr mit diesem Jesus von Weihnachten anfangen.

»Yeah! Ich habe zehn neue Follower auf Instagram!«, ruft Jesus erfreut aus.

»Herzlichen Glückwunsch. Dir folgen jetzt auch betrunkene Teenager«, stellt Martin trocken fest. »Du musst halt nehmen, was du kriegen kannst, ne?«

Aber Jesus nimmt den Seitenhieb überhaupt nicht wahr. Er dreht sich noch einmal in Richtung seiner neuesten Follower und brüllt laut: »ENERGY!«

Und über den dunklen Bahnhofsvorplatz erklingt der Engelschor des 21. Jahrhunderts in an Lärm grenzender Vielstimmigkeit.

»*ENERGY! ENERGY! ENERGY!*«

Heiligabend

»Alles für den Dackel, alles für den Club, unser Leben für den Hund!«, sage ich und hebe mein Weinglas. Ja, ich habe mir in letzter Zeit mal wieder ein paar Folgen »Hausmeister Krause« gegönnt. Kennt heute vermutlich kaum noch jemand und war früher auch irgendwie lustiger.

»Sehr passender Spruch«, merkt Trixi an. »Jesus, Martin – habt ihr was Besseres auf Lager?«

Jesus überlegt. Martin ist in seine neue BasisBibel vertieft. Fun Fact dazu: Bei uns in der Gemeinde gibt es für jeden fünfhundertsten Gottesdienstbesucher solch eine Bibel als Geschenk. Ich habe das vor ein paar Wochen eingeführt und wer ist dann ausgerechnet als fünfhundertster Besucher in einen der letzten Gottesdienste gestolpert? Martin. Läuft bei mir und der Aktion.

»Ich sag lieber nichts«, kommt von Jesus. »Letztes Mal, als ich das Weinglas gehoben habe und für meine Crew nach passenden Worten gesucht habe, da ist das irgendwie im Großen und Ganzen alles etwas aus dem Ruder gelaufen.«

Ich runzle die Stirn. Darüber werde ich mit ihm noch mal genauer sprechen müssen. Aber nicht heute. Nicht an Heiligabend. Und vor allem nicht in den zwei gemeinsamen Stunden, die wir vor uns haben.

»Auf unser Geburtstagskind«, verkündet Trixi und hebt ihr Weinglas. Wir drei tun es ihr gleich. Dann verschwindet Trixi kurz in der Küche und kommt mit einem kleinen selbst gebackenen Kuchen zurück. Darauf drei brennende Kerzen.

»*Happy Birthday*!«, rufen Martin, Trixi und ich.

»Wir haben leider keine 2020 Kerzen auf dem Kuchen unterbringen können«, raune ich Jesus zu.

Jesus schließt die Augen und pustet seine Geburtstagskerzen aus.

»Und, was hast du dir gewünscht?«, frage ich.

»Soll ich ehrlich sein?«, fragt dieser zurück.

»Wenn es nicht schon wieder so radikaler Mist ist?«, sage ich, während Martin sich ein Stück Kuchen nimmt und Trixi vehement den Kopf schüttelt.

»Ehrlich, ich sag euch: Ich wünsche mir, dass es an Heiligabend wieder um mich geht. Und damit meine ich nicht um mich als kleines dickes Baby mit lockigem Haar.«

»Denkt ihr gerade auch an Thomas Gottschalk in klein?«, frage ich in die Runde. Aber ich werde gekonnt ignoriert.

»Oh nein!«, ruft Trixi aus. »Man darf seinen Wunsch doch nicht verraten! Dann geht er nicht in Erfüllung!«

»Wie dem auch sei«, sagt Jesus und winkt ab. »Lasst uns essen! Alexa, spiele Christmas Hits!«

Wenn mir das vor ein paar Monaten jemand erzählt hätte. Heiligabend und wir sitzen hier mit Jesus und dem Reformator, hören *Last Christmas* und essen gemütlich und genussvoll Raclette. Na ja, okay. Jesus, Trixi und ich essen genussvoll. Martin halt so, wie er immer isst. Masse statt Klasse.

Was haben wir uns für Gedanken über diesen Tag gemacht. Ich meine: Wie feiert man bitte schön Jesus Geburtstag? Und was schenkt man ihm? Außer den Tickets für die Helene Fischer-Weihnachtsshow, die er sich ja ausdrücklich gewünscht hat? Zum Glück bestand Jesus darauf, dass wir einfach ganz klassisch Heiligabend feiern. Nur einen kleinen Kuchen wollte er haben. Den würde ihm sein Vater sonst auch immer backen.

»Äh, Jesus«, sagt Martin da auf einmal und deutet auf Jesus Haare. »Was sehe ich denn da?«

Jesus fasst sich sofort in die Haare. Seine Frisur sitzt leider selbst an Heiligabend eher nicht so. Also gar nicht.

Martin grinst breit und singt mit voller Inbrunst: »Ein graues Haar!«

»Sind wir heute wieder lustig«, erwidert Jesus. Aber Martin hat seinen Scherzkeks noch nicht komplett aufgegessen und singt gleich mal munter weiter: »Wie du wieder aussiehst, Löcher in der Hose und ständig dieser Lärm.«

Jesus schaut verwundert auf seine Hose, während Martin munter weiter singt: »Und dann noch deine Haare, da fehlen mir die Worte! Musst du die denn färben?«

»Ich habe meine Haare doch gar nicht gefärbt«, sagt der sichtlich irritierte Jesus.

Trixi legt ihm eine Hand auf die Schulter und sagt: »Jesus, Martin veräppelt dich nur. Lass gut sein.« Und dann mit Blick auf Martin: »Schluss jetzt! Es ist sein Geburtstag!«

Martin grinst in sich hinein und schaufelt sich ordentlich Käse auf sein Pfännchen.

»Sag mal, Jonas, ich wollte noch fragen«, beginnt Jesus das Gesprächsthema zu wechseln, während er aufmerksam die Bräunung seines Käses beobachtet: »Das mit dem Krippenspiel – nichts für ungut, aber würde es dich stören, wenn ich dir für's nächste Jahr da mal was Gutes schreiben würde?«

»Immer raus damit!«, ermuntere ich ihn. Frage mich aber schon, inwiefern er ein Krippenspiel schreiben will, wenn er noch nicht mal mit seinem Evangelium ansatzweise vorankommt. Aber das muss er ja wissen.

»Wenn Jesus dir ein Krippenspiel schreibt, dann kümmere ich mich beim nächsten Mal um vernünftige Texte für die Lieder«, kündigt Martin an.

Na, das kann ja ein Weihnachten nächstes Jahr werden, denke ich mir. Aber erst mal das hier rumkriegen. Trixi und ich feiern eigentlich den ganzen Tag Gottesdienst. Ich in meiner und sie in ihrer Gemeinde. Ich sag mal so: Weihnachten ist schön. Aber es ist auch schön, wenn es geschafft ist. Augen auf bei der Berufswahl und so!

»Ich hole noch mal ein paar mehr Gewürze«, sagt Jesus und verschwindet in der Küche.

»Und wie waren deine Gottesdienste bislang?«, frage ich Trixi. Sie strahlt übers ganze Gesicht, kann aber aufgrund eines vollgestopften Mundes nicht antworten. Wir nennen diesen Zustand übrigens inzwischen »den Martin machen«.

Trixi schaut mich fragend an und nickt mir zu.

»Wie es bei mir war?«, frage ich sie.

Sie nickt erneut.

»Anstrengend«, antworte ich ehrlich. »Aber auch lustig. Mitten im Krippenspiel ist unser Staubsaugerroboter in der Kirche plötzlich losgefahren. Statt der Hirten kam dann der um die Ecke gefahren. War wohl seine einprogrammierte Zeit, dass er am Nachmittag um 16 Uhr die Kirche saugt. Das war dann durchaus … erheiternd.«

»Allerdings!«, stimmt mir Martin zu, während er versucht, sein viel zu hoch beladenes Pfännchen irgendwie noch in das Raclettegerät hineinzubugsieren.

Jesus kommt aus der Küche zurück, vollbeladen mit Gewürzen. Gerade als er sie auf dem Tisch abstellen möchte – Dong! Einmal schön mit dem Zeh gegen das Tischbein gedonnert. Trixi lacht laut. Martin und ich leiden mit Jesus innerlich mit.

»Verdammtes scheiß Ding! In Ewigkeit soll niemand mehr von dir essen!«, verflucht der direkt Mal den Tisch und haut mit der flachen Hand gegen die Wand.

»He!«, ruft Trixi aus. »Hier wird nicht geflucht!«

»Müsstest du nicht eigentlich auch deinen anderen Zeh hinhalten?«, frage ich Jesus. Martin grinst mir zu. »Der war nicht schlecht!«

»Ich weiß«, sage ich, während Jesus die Zehen zusammenkneift und sich wieder zu uns setzt.

»Hättest du nicht wenigstens irgendwas Sinnvolles verfluchen können?«, frage ich.

»Wie was zum Beispiel?«

»Keine Ahnung. Kohlekraftwerke. Donald Trump. Alle Fußballmannschaften außer dem HSV. So was in der Art.«

»So was mache ich nicht.«

»Willst du alternativ noch mal in die Kirche rüber und dich wieder mit den Seniorinnen vom Eine-Welt-Laden anlegen?«, erkundigt sich Trixi bei Jesus. Irgendwie müssen wir ja die schlechte Laune hier schnell aus dem Raum bekommen. In 1,5 Stunden steht die Vorbereitung des nächsten Gottesdienstes an.

»Sehr witzig«, sagt Jesus und findet es überhaupt nicht witzig.

Zur Erklärung: Wir haben bei uns in der Kirche einen kleinen Eine-Welt-Laden. Also da kann man halt teuren Öko-Kaffee und so was kaufen. Fand Jesus nicht gut und hat den einfach mal vor die Kirche getragen. Jetzt steht der da draußen und die armen fleißigen Seniorinnen verstehen die Welt nicht mehr.

»Ich hatte kein Problem mit dem Öko-Kaffee!«, korrigiert mich Jesus. »Es ging mir nur darum, dass in der Kirche nichts verkauft wird. Egal wie gut.«

»Ich weiß, was wir jetzt brauchen, um die Stimmung zu retten!«, unterbricht Trixi unsere kleine Diskussion.

Ich nicke. Fritz Kola. Sola Fritz Kola. Und eines Tages werde ich es auch noch schaffen, von Fritz Kola gesponsort zu werden. #Lebensziele und so.

»Wann machen wir eigentlich Bescherung?«, fragt Jesus.

»Wir hatten doch gesagt, dass wir das morgen in Ruhe machen«, erinnert ihn Trixi.

»Manno!«, mault Jesus. »Ich will aber heute Geschenke!«

»Möchte da etwa der kleine Jesus aus dem Spieleparadies abgeholt werden?«, frage ich den großen Jesus augenzwinkernd, als dem anscheinend plötzlich ein Gedanke kommt.

»Darf ich mir zu meinem Geburtstag noch etwas wünschen?«

Ich schaue zu Trixi rüber. Ich habe so eine leise Ahnung, wo das hinführen könnte. Trotzdem nicken wir beide.

»Ich wünsche mir, dass wir das mit dem Intervallfasten nicht wie abgesprochen nach Weihnachten starten. Ja, dass wir das überhaupt nie machen!«

Trixi schüttelt energisch den Kopf. »Ne, das war so abgemacht! Nach Weihnachten essen wir nur noch von 12 bis 20 Uhr!«

»Boah! Ich fand schon damals Fasten scheiße!«, jammert Jesus. Irgendwie ist er heute ganz schön stimmungsschwankend. Ausgerechnet an seinem Geburtstag. Aber vielleicht vermisst er ja auch einfach nur sein Zuhause? Seinen Vater? Oder ... seine Familie? Herrje, darüber haben wir gar nicht nachgedacht. Hätten wir da jemanden einladen müssen?

»Sag mal, Jesus«, beginne ich. Ich muss der Sache gleich mal nachgehen, »wie lebst du eigentlich im Himmel?«

»Wie meinst du das?«

»Na ja, wir sagen hier ja immer, dass Gott quasi aus drei Personen besteht. Es gibt den Vater, es gibt dich, den Sohn, und dann gibt es noch den Heiligen Geist. Lebt ihr denn alle da oben zusammen in einer WG?«

Jesus lacht laut auf.

»Was gibt's denn da zu lachen?«, frage ich.

»Ich lebe doch nicht mehr bei meinem Vater!«

»Sondern?«

Jesus räuspert sich und schaut uns verlegen an.

»Also, ursprünglich haben wir drei tatsächlich mal zusammengewohnt. Aber dann bin ja erst ich auf die Erde und dann, als ich zurückkam, ist der Heilige Geist dafür auf die Erde. Das war auch erst ganz nett für mich, weil ich dann einfach seine Zimmer mitbelegt habe. Aber über die Jahre ... ja, auseinandergelebt ist das falsche Wort. Aber ich wollte einfach auch in eigenen Wänden leben.«

»Und dann bist du bei deinem Vater ausgezogen?«, fragt Trixi irritiert, während Martin einfach munter am Mampfen ist.

»Ne, so kann man das auch nicht sagen.« Jesus denkt kurz nach. »Lass es mich so versuchen: Im Prinzip gehören meinem

Vater alle Häuser und Wohnungen im Himmel. Und alle wohnen sozusagen gleich nah bei meinem Vater.«

Martin schluckt einen dicken Käseblock runter und mischt sich ein: »Sag doch einfach, wie es ist: Du bist letztlich nur eine Etage tiefer gezogen und hängst doch die ganze Zeit bei deinem Vater rum.«

Ich schaue auf die Uhr und bekomme einen Schreck.

»Trixi und ich müssen leider wieder arbeiten«, sage ich entschuldigend.

»Und wir würden uns übrigens sehr freuen, wenn ihr hier aufräumen und abwaschen könntet«, ergänzt Trixi. Martin und Jesus nicken. Sie hatten vorher schon angekündigt, dass es ihnen für heute mit Gottesdienst reicht und sie lieber ein wenig chillen wollen.

»Und, was macht ihr heute Abend noch Schönes – nach dem Aufräumen und Putzen?«, frage ich.

»Ich lese ein wenig in der BasisBibel«, antwortet Martin. »Und Jesus wollte sich den ›König der Löwen‹-Film anschauen.«

Na dann. Was der Sohn Gottes halt so an seinem Geburtstag macht. König der Löwen gucken.

»Ach Jesus«, fällt mir da gerade noch ein. »Du meintest doch vorhin, du wünschst dir mehr Jesus in den Heiligabendgottesdiensten. In kurz und knapp: Worüber sollten wir dann jetzt gleich predigen?«

Jesus schaut mich mit hochgezogenen Augenbrauen an. »Und das fragst du jetzt?!«

»Ja, nun sag schon. Wir haben nicht viel Zeit.«

»Gut!«, sagt Jesus. »Sag den Menschen da draußen, dass ich der Weg zu meinem Vater bin. Also: Ich bin nicht das Ziel, sondern der Weg. Du sollst nicht mich anbeten, sondern meinen Vater. Es geht am Ende nicht um mich, sondern immer um meinen Vater.«

»Klassischer Vaterkomplex«, ergänzt Martin belustigt.

»Sonst noch was?«, frage ich Jesus. Der denkt kurz nach. »Ja, ich glaube, du könntest auch noch davon reden, dass die Leute sich den Heiligen Geist mehr als Energie vorstellen sollen. Quasi die Energie, die sie von meinem Vater erhalten.«

»Dann predige ich also jetzt nicht über dich, sondern doch über euch alle drei zusammen?«

»Ja, aber es ist schon wichtig, dass du vor allem über mich redest. Denn wenn du nicht von mir erzählst, dann können die Leute ja nicht zu meinem Vater finden und wenn sie nicht zu meinem Vater finden, dann gibt's auch keine Energie von ihm!«

Ich nicke und sage pathetisch und mit amerikanischem Akzent: »*Make Jesus great again!*«, und dann machen Trixi und ich uns auf zu unseren letzten Gottesdiensten des Tages.

Ein paar Stunden später kommen wir völlig geschafft zurück. Natürlich haben die beiden weder abgeräumt noch geputzt.

»JESUS! MARTIN!«, brüllt Trixi durchs Pastorat und just in dem Moment kommt Jesus um die Ecke getanzt. Er hat meine Kopfhörer auf und singt voller Inbrunst: »Oh, ich will jetzt gleich König sein!«

Als er uns sieht, nimmt er erschrocken die Kopfhörer ab. »Ihr seid schon wieder da?«

»Schon!«, sage ich leicht angesäuert.

»Schluss mit Hakuna Matata! Wieso sieht es hier so aus, wie es aussieht?«, fragt Trixi mit deutlich mehr Ärger in der Stimme.

»Ähm, ich habe heute Geburtstag«, sagt Jesus und ich glaube, er versucht sogar mit den Augen zu blinzeln. Erbärmlicher Versuch.

Trixi drückt Jesus mit dem Zeigefinger auf die Brust. »Mein lieber Jesus. Hast du nicht gesagt: ›Bittet und es wird euch gegeben‹?«

»Matthäus 7, Vers 7!«, schallt es aus Martins Zimmer.

»Das war ja aber wohl eindeutig nicht auf den Haushalt bezogen!«, rechtfertigt sich Jesus.

»Mir reicht das jetzt«, sagt Trixi. »Ich suche morgen nach einer Selbsthilfegruppe für lebensunfähige Männer!«

»Ich war schon mal in einer Selbsthilfegruppe für Menschen mit chronischer Selbstüberschätzung!«, ruft Martin aus seinem Zimmer. »Das war ganz lustig! Ein Papst, die Queen, Johann Sebastian Bach und Simon Petrus waren auch da! Ich glaube, ich werde euch das mal bei Zeiten aufschreiben. War echt unterhaltsam!«

Ich schaue Trixi müde an. Wir lassen es für heute Nacht gut sein. Wir haben einfach keine Kraft mehr für diese andauernden Diskussionen über den Haushalt.

»Wir reden morgen weiter«, drohe ich Martin und Jesus schon mal prophylaktisch. Was vermutlich genauso viel bewirkt wie die Zahnprophylaxe in meinem bisherigen Leben.

Kurz darauf lasse ich mich neben Trixi ins Bett fallen. Es ist schon gut, dass wir nur einmal im Jahr Heiligabend haben. Auch wenn es für uns beide kaum was Schöneres gibt als so volle Kirchen.

»Hören wir noch ›Die drei ???‹ zum Einschlafen?«, frage ich. Trixi nickt halbschlafend. Aber gerade als ich das Hörspiel anmachen will, höre ich ein schluchzendes Geräusch. Ich schaue zu Trixi rüber. Die ist das schon mal nicht.

Barfuß schleiche ich über den Flur und horche an Martins Tür. Nichts. Dann an Jesus Tür.

Ja, das ist ein Schluchzen. Ich klopfe leise und öffne die Tür einen Spalt.

»Jesus?«, flüstere ich in das dunkle Zimmer.

»Kannst reinkommen«, antwortet er mit belegter Stimme.

»Was ist denn los?«

»Ach, ich weiß auch nicht. Ich habe häufig so komische Stimmungsschwankungen an Weihnachten.«

Habe ich schon gemerkt, denke ich mir, schließe die Tür und setze mich auf den Boden davor.

»Weinst du?«, frage ich eher rhetorisch in das komplett dunkle Zimmer.

»Ja, ein wenig.«

»Worüber?«

»Ich habe eben einfach nur durch die Nachrichten der Woche gescrolled. Und manchmal überkommt es mich dann so.«

»Was meinst du?«

»Es ist schwer für mich. All das Leid auf der Welt zu ertragen.«

Ich nicke, auch wenn Jesus das nicht sieht. Ich meine: Wem geht das nicht so? Eigentlich können wir es doch nur ertragen, weil wir den Großteil davon die meiste Zeit gut ausblenden.

Wir schweigen ein paar Minuten.

»Ich wünschte, du würdest alles Leid auf der Welt beenden, Jesus«, sage ich in die Stille hinein.

»Das tue ich. Beziehungsweise mein Vater tut es.«

»Und wann?«

Plötzlich ertönt Martins Stimme dumpf durch die Wand: »Eines Tages, oh Baby, da werden wir alt sein. Oh Baby, da werden wir alt sein ...«

Ich klopfe gegen die Wand. »Es reicht, Martin!«

»Das ist voll der gute Poetry-Slam! Und es gibt Tausende davon! Ich glaube, ich werde das in meine neue Übersetzung aufnehmen!«

»Wir führen hier gerade ein ernstes Gespräch, Martin!«, sage ich gegen die Wand.

»Tschuldige!«, antwortet Martin und verstummt.

»Im Himmel«, antwortet Jesus auf meine Frage. »Im Himmel endet alles Leid.«

»Wir könnten aber schon jetzt und hier echt weniger Leid gebrauchen, Jesus«, sage ich.

Ich glaube, Jesus nickt. Zumindest fühlt es sich so an.

»Du kannst dir nicht vorstellen, wie krass mir das wehtut, wenn ich unglückliche und traurige Menschen sehe. Ohne Scheiß: Es zerreißt mich innerlich«, flüstert Jesus leise.

Jetzt nicke ich und ich hoffe, Jesus fühlt, dass ich ihn wirklich verstehe. Und dennoch fallen mir die Augen zu.

»Hey, ich muss schlafen, Jesus. Ist es okay, wenn ich rübergehe?«

Ich erhalte keine Antwort.

»Okay,«, sage ich, »steh auf, nimm deine Matratze und komm zu uns rüber. Wir machen uns ein kleines Matratzenlager und hören gemeinsam ›Die drei ???‹«

»Darf ich auch?«, fragt Martin durch die Wand.

Ich verdrehe die Augen. Keine Ahnung, was Trixi morgen dazu sagen wird. Aber egal. Ich kann Jesus ja jetzt hier so nicht liegen lassen.

Ein paar Minuten später haben Martin und Jesus ihre Matratzen links und rechts von unserem Bett platziert.

»Gute Nacht, ihr zwei«, sage ich leise und mache den Fall der Woche an: »Die drei ??? und das leere Grab«.

Lustig, denke ich. Wenn das mal kein Zufall ist.

Ich glaube, dass Jesus noch ein »Das ist meine Lieblingsfolge« flüstert. Aber dann bin ich auch schon mitten im Intro der Folge eingeschlafen.

Wolkenfall

»Wer hat schon wieder die Milch alle gemacht?«, ruft Trixi wütend aus der Küche.

Jesus tunkt seine Nachos in den Käsedip und sagt mit unschuldiger Miene: »Doch nicht etwa ich?«

Es ist mal wieder Sonntagabend, also Football-Zeit, und Martin, Jesus und ich haben schon die endgültige Sitzposition für den Abend eingenommen.

»So, Jesus, du musst dich jetzt mal entscheiden, für welches Team du bist«, sage ich zu unserem Unschuldslamm.

»Habe ich doch schon längst! Ich bin für die *New England Patriots*!«

»Du weißt aber schon, dass du dann den FC Bayern München des Footballs ausgewählt hast? Bist du nicht sonst immer auf der Seite der Schwachen?«

»Ach, man muss auch mal Ausnahmen machen dürfen«, erklärt Jesus seine Mannschaftswahl.

Das erste Spiel läuft erst seit wenigen Minuten. Und natürlich führen die Patriots schon wieder. Jetzt, wo sie göttlichen Beistand haben, wird das ja auch kaum schlechter bei denen werden.

Trix kommt aus der Küche zu uns und Jesus räuspert sich.

»Ja«, sage ich leicht genervt, »du hast dir ein Superteam aus-
gesucht. Sonst noch was?«

Jetzt räuspert sich auch Martin und ich stelle fest, dass die
beiden Trixi und mich mit ziemlich ernster Miene anschauen.

»Was ist los?«, fragt Trixi.

Jesus atmet tief ein und sagt dann: »Wir werden morgen wieder zurückgehen.«

Mein Herz setzt für einen Moment aus. Ich schließe die
Augen.

»W-w-was?«, stammelt Trixi und setzt sich langsam abstüt-
zend auf die vorderste Sofa-Kante.

»Es geht für uns zurück«, bestätigt Martin.

Ich öffne meine Augen wieder und weiß nicht, was ich sagen
soll. So wie Trixi aussieht, geht es ihr genauso. *Holy shit.* Jesus
und Martin gehen also zurück in den Himmel. Und Trixi und
ich fallen aus allen Wolken. Ich meine: Klar, wir wussten, dass
sie irgendwann zurückmüssen. Aber. Jetzt? Und so plötzlich?

»Du bist doch noch gar nicht fertig mit deinem Evangelium!«, sage ich. »Und die neue Übersetzung von dir, Martin, ist
auch noch nicht abgeschlossen!«

Beide nicken.

»Machtwort von oben«, erklärt Jesus. Und ich frage mich, ob
das von Gott oder Martins Ehefrau Käthe gekommen ist.

»Und jetzt gibt es keine neue Übersetzung der Bibel?«, fragt
Trixi traurig. Martin schüttelt den Kopf.

»Aber wieso könnt ihr denn nicht noch bleiben?«, frage ich
immer noch völlig überfordert mit der Situation.

»Die Zeit ist gekommen«, antwortet Jesus. »Unsere Zeit hier
auf Erden war von Anfang an begrenzt.«

»Und kommt ihr dann eines Tages wieder?«, frage ich nach einem Hoffnungsschimmer suchend.

Jesus nickt. »Ja, ich denke schon. Aber … ich möchte dir da nichts versprechen. Um ehrlich zu sein, habe ich mich beim letzten Mal da auch ziemlich geirrt. Gleich mehrfach!«

»Das kannst du aber laut sagen«, pflichtet ihm Martin bei. »Erst hast du gedacht, du wärst nur für das Volk Israel gekommen – faktisch warst du dann aber doch für alle Menschen da …«

Jesus führt den Gedanken direkt weiter: »Und dann haben meine ersten Follower und ich beim letzten Mal gedacht, dass es innerhalb weniger Jahre zum Staffelfinale der Erde kommt. Na ja. Falsch gedacht, wie man jetzt sieht, ne?«

»Macht dich das nicht eigentlich voll unglaubwürdig«, frage ich Jesus. »Also, dass du dich da geirrt hast? Ich meine damit: Woher sollen wir wissen, wo du dich vielleicht noch geirrt hast? Und vielleicht irrst du dich ja auch jetzt gerade und ihr müsst gar nicht zurück?«

Jesus lächelt. Als hätte er die Frage schon unendlich oft gehört. Dann sagt er: »Glaubwürdigkeit entsteht nicht durch Unfehlbarkeit, mein lieber Pastor. Das gilt für mich genauso wie für dich und jeden anderen Menschen. Nimm meinen Vater als Beispiel. Er lässt sich immer wieder umstimmen. Er hat schon Entscheidungen bereut. Wir sind keine Maschinen, Jonas! Wir leben! Ich lebe, mein Vater lebt. Und der Heilige Geist sowieso.«

Trixi hat sich ein Taschentuch geholt. Ich sehe Tränen in ihren Augen. Wenn ich nicht so krass männlich wäre, würde ich jetzt auch weinen. Ironie Ende.

»Könnte sich Gott denn nicht auch jetzt umstimmen lassen und euch zumindest noch ein wenig hier bei uns lassen?«, frage ich mit einem Fünkchen Hoffnung in der Stimme. Aber Jesus schüttelt nur den Kopf.

»Und wie ist das dann dieses Mal mit dem Heiligen Geist?«, fragt Trixi schniefend. »Letztes Mal, als du die Menschen verlassen hast, da hast du doch gesagt, dass er dann kommt, oder nicht?«

»Ja«, antwortet Jesus. »Er ist seitdem hier und wird immer hierbleiben. Nachdem mein Vater beschlossen hatte, dass er meine Botschaft global ausrollen möchte, da war es einfach deutlich effizienter, mich zurückzuholen und dafür mit dem Heiligen Geist zu arbeiten. Und darauf wird mein Vater sich jetzt auch wieder konzentrieren. Aber noch mal: Stellt euch den Heiligen Geist lieber wie eine göttliche Energie vor. Das mit dem Geist verwirrt euch nur.«

Ich schaue Trixi an. Oh man ey. Ich glaube, wir haben gerade größere Probleme als die Frage, wie wir uns den Heiligen Geist vorstellen sollen. Zack, gehen die beiden einfach wieder. Damit haben wir einfach nicht gerechnet.

»Und was machst du jetzt mit deinem neuen Evangelium?«, frage ich Jesus.

»Ich habe mit meinem Vater und mit Martin lange darüber gesprochen. Und wir haben einen Vorschlag. Na ja, eher eine Bitte.«

»Die da wäre?«

»Wir denken: Das neue Evangelium braucht auch eine wirklich neue Form.«

»Aber eine Form braucht Inhalt. Und du bist doch nicht ansatzweise damit fertig geworden, oder?«, frage ich traurig.

Jesus schüttelt den Kopf. »Ich habe es nicht geschafft, das aufzuschreiben, was ich wollte. Aber mein Vater, Martin und ich sind der Meinung, dass ihr beide es aufschreiben könnt.«

Mir bleibt der letzte Schluck Fritz Kola im Hals stecken. Trixi hat sich vor Schreck mit dem Taschentuch ins Auge gepikst. Na ja, geweint hat sie ja eh schon.

»Was sollen wir machen?«, frage ich stark irritiert.

»Schreibt auf, was ihr mit uns erlebt habt. Mehr nicht.«

Ich denke kurz über die Idee nach. Aber so richtig kann ich mich dafür nicht begeistern.

»Dann ist das neue Evangelium ja aber wieder wie das alte«, wende ich daher auch gleich mal ein. »Menschen schreiben aus ihrer Perspektive über dich. Ich dachte, dass das neue Evangelium gerade davon leben sollte, dass es einfach nur O-Ton Jesus gibt!«

»Ja«, stimmt mir Jesus zu. »Aber ... wir halten es dennoch für die beste jetzt verfügbare Lösung.«

Ich bleibe skeptisch. »Das wird doch bestimmt als Gotteslästerung verstanden. Und zack bin ich meinen Job los!«

»Ach, *Haters gonna hate*. Das alte Evangelium ist aus einer bestimmten Perspektive für eine bestimmte Zielgruppe geschrieben worden. Das wird das neue Evangelium dann auch verkraften.«

»Also schreiben wir ein Buch über all das, was wir mit euch erlebt haben?«, hake ich bei Jesus nach.

Der nickt. »Ja, mach mal lieber ein Best-of der Geschichten mit uns draus. Wenn es gut ankommt, kannst du ja immer noch einen zweiten Band rausbringen.«

»Und für welche Zielgruppe?«

»Was steht in Lukas 10, Vers 21? Na, Jesus?«, fragt Martin grinsend. Wohl wissend, dass Jesus natürlich immer noch nicht besser im Bibelstellenraten ist.

»Du hast das alles vor den Weisen und Klugen verborgen. Aber den einfachen Leuten hast du es offenbart. Zitat Jesus«, beantwortet Martin seine Frage selbst.

Ich bleibe skeptisch. Mal im Ernst: Was für ein Verlag soll denn so ein Buch rausbringen? Jesus lächelt mich an. »Keine Sorge, ich habe mich darum gekümmert. Es wird sich jemand bei dir melden.«

»Wir haben auch schon Ideen für den Titel!«, fährt Martin begeistert fort.

»Das neue Evangelium?«, fragt Trixi.

»Ne!« Martin schüttelt vehement den Kopf. »Also mein Favorit ist ›Ich bin dann mal da‹. Jesus findet aber ›Die Jesus-Chroniken‹ am besten. Er hat auch schon Vorschläge für die weiteren Bände: ›Das Jesus-Manifest‹ und ›Die Jesus-Offenbarung‹.«

»Sehr kreativ«, stellt Trixi fest.

Martin räuspert sich erneut.

»Eine Rede?«, frage ich ihn.

»Nein, aber ich habe auch noch ein paar Bitten an euch. Zum einen: Dürfte ich vielleicht den leckeren japanischen Whiskey mitnehmen?«

Ich nicke. Den hat Martin eh quasi allein getrunken.

»Zum anderen: Wenn noch Nachrichten vom Papst oder ...« Martin flüstert kurzzeitig mit Blick auf Alexa verschwörerisch, »Du-weißt-schon-wem ankommen. Könntet ihr für mich die beiden Projekte weiterführen?«

»Natürlich!«, antworte ich. »Aber als kurzes Update für uns: Worum geht es inzwischen bei den Gesprächen mit dem Papst?«

»Wir wollen wieder eine Kirche sein. So zumindest ist der letzte Stand. Er schrieb mir nur zuletzt, dass er das jetzt erst mal im Vatikan besprechen müsse. Seitdem habe ich nichts mehr gehört.«

Martin überreicht mir zwei Briefe. »So, und dann habe ich noch zwei Briefe, die rausmüssen. Der eine ist für euren Telefon- und Internetanbieter und der andere geht an die CDU und CSU.«

In Gedanken werfe ich den ersten Brief schon mal weg. Ich bin ja nur froh, dass sie unseren Anschluss wieder freigeschaltet haben. Auch wenn Martin immer noch auf seine Rufnummern- mitnahme wartet. Aber jetzt ist ja auch egal.

»Was schreibst du den beiden Parteien?«, versuche ich mich beiläufig zu erkundigen.

»Ach, nur ein paar Thesen zum C in ihrem Namen.«

Ich schaue Martin skeptisch an. Aber was soll's. Wird schon schiefgehen.

Trixi steht auf und kramt etwas aus unserem Fernsehschrank raus. Sieht aus wie ein kleines selbst gemachtes Buch und eine … DVD?

»Ich habe auch was für euch.« Trixi überreicht Martin das Buch. »Für dich habe ich ›Das kleine Kochbuch für große Re- formatoren‹ erstellt. Es ist zwar noch nicht ganz fertig … aber geht ja jetzt nicht anders. Und für dich, Jesus, habe ich die Live- DVD von der Helene Fischer-Weihnachtsshow besorgt. Spoiler: Du bist mehrfach sehr gut zu sehen!«

Martin und Jesus sehen richtig gerührt aus. Und ich stehe mal wieder ohne Geschenke da. Na klasse.

»Ähm, Jesus«, improvisiere ich. »Ich habe auch etwas für dich.«

Ich schaue mich im Raum um. Den Fernseher? Ne, zu sper- rig. Eine Topfpflanze? Geht bei ihm eh ein. Dann fällt mein Blick auf das kleinste Gerät im Raum.

»Du darfst Alexa mitnehmen!«

»Oh!«, ruft Jesus laut aus. »Danke!«

»Da wird dein Vater aber nicht begeistert sein«, gibt Martin zu bedenken. Aber Jesus scheint das egal zu sein.

»Und für dich, Martin, habe ich auch was«, improvisiere ich weiter. »Ähm, warte, es ist in der Küche!«

Ich gehe in die Küche rüber. Keine Ahnung, was ich Martin schenken soll. Einen Apfel? Den Kühlschrank? Oder … ja, das ist eine gute Idee!

»Hier ist dein Geschenk von mir«, sage ich und reiche Martin, zurück im Wohnzimmer, unseren WG-Reinigungsplan.

»Ein sehr persönliches Geschenk«, stellt Martin fest.

»Aber es kommt von Herzen«, erwidere ich mit einem Augenzwinkern.

»Das ist ja fast wie Weihnachten«, stellt Trixi fest. »Aber wisst ihr, worauf ich jetzt Lust habe?«

»*ENERGY! ENERGY! ENERGY!*«, rufe ich in Erinnerung an Kevin und Sky laut.

Die richtige Antwort kommt aber von Martin, der in die Hände klatscht und freudig »Dönerbox!« ruft.

Trixi springt auf und wirft uns im Hinausgehen noch ein »Ich flitze schnell und hole uns welche! Bis gleich!« zu.

»Lust auf eine letzte Runde FIFA an der Playstation?«, fragt Martin Jesus. »Na sichi!«, antwortet der.

Wenige Minuten später stelle ich erstaunt fest, dass Martin offensichtlich heimlich geübt hat. Das erklärt auch, warum er mit seiner Bibel nicht fertig geworden ist. Aber auch Jesus ist ein kleiner Profi geworden. Junge, Junge. So ein wenig frage ich mich ja schon, ob die beiden ihre Zeit hier wirklich maximal sinnvoll genutzt haben. Na ja, immerhin hat Martin das mit der Körperhygiene im Laufe der Monate hinbekommen. Und seine Kochkünste haben sich auch stark verbessert! Und Jesus klopft inzwischen auch fast immer an, bevor er durch verschlossene Türen geht.

Es klingelt. Trixi ist wieder zurück und verteilt die Dönerboxen. Ich hole uns noch die obligatorische Fritz Kola aus dem Keller. Und dann sitzen wir wie so häufig im Wohnzimmer vorm Fernseher und essen. Vielleicht habe ich auch deshalb in den letzten Monaten sieben Kilo zugenommen.

»*Touchdown!*«, schreit Jesus. Seine Patriots führen mal wieder himmelhoch.

Ich stelle meine Dönerbox auf den Couchtisch und lasse mich zurück ins Sofa fallen. Schaue Jesus an, wie er sich wie ein kleines Kind über den Touchdown freut und sich dabei von Martin für seine Instagram-Story filmen lässt. Kleiner Poser!

Aber wow! Ich werde ihn vermissen. Scheiße man, ich werde die beiden vermissen!

Und ich hätte noch so viele Fragen an Jesus gehabt! Ich meine: Wieso muss ich meine 24h-Feuchtigkeitscreme zweimal am Tag auftragen? Und wieso wird unser Badeöl für »Tiefenentspannung« ausgerechnet »hochkonzentriert« verkauft?

Nein, im Ernst. Ich werde ihn unendlich vermissen. Vielleicht nicht unbedingt als Mitbewohner. Aber ja, als Freund. Als guten Freund, mit dem ich nicht nur über Gott und die Welt diskutieren, sondern der mir beides auch wie kein Zweiter erklären kann. Und ich hätte wirklich noch ziemlich viele ernst gemeinte Fragen an ihn gehabt.

»Ich weiß«, antwortet Jesus in den Raum hinein.

Und ja, das wäre eine der Fragen. Was ich tun muss, damit er nicht andauernd meine Gedanken mithört.

»*Interception*!«, kreischt Jesus vor Glück, als sein Team einen Wurf des gegnerischen Quarterbacks abfängt.

Wenn die beiden morgen wirklich gehen – ich glaube, Trixi und ich müssen uns dann ein Haustier anschaffen. Oder Kinder. Keine Ahnung.

Na ja. Aber auch wenn die beiden uns fehlen werden. Eins steht fest: Wir haben den Rest des Lebens mehr als genug zu erzählen.

Bleibt dann nur die Frage, wer uns das alles glauben soll.

»Ach«, sagt Jesus, während Martin laut rülpst und Trixi ihm dafür einen Klaps auf den Hinterkopf gibt. »Darüber mach dir mal keine Gedanken. Und überhaupt: Du tust ja so, als wäre ich ab morgen nicht mehr da!«

»Hast du nicht genau das erst vor wenigen Minuten gesagt?«, frage ich zu Tode betrübt.

Jesus dreht sich zu mir um. Ich schaue ihn an und habe dabei Tränen in den Augen.

»Ich wette, er macht jetzt gleich *Copy-and-Paste* und nutzt die gleichen Abschiedsworte wie schon vor 2000 Jahren«, prophezeit Martin und rülpst erneut laut und kräftig.

Jesus ignoriert ihn und sagt: »Hey, wenn ihr beiden morgen aufwacht, bin ich nicht mehr hier. Aber ehrlich, ich sage euch: Ich werde immer da sein. Ich werde immer bei euch sein. An jedem einzelnen Tag. Bis ans Ende der Welt.«

»Amen«, ergänzt Martin.

Ich nicke und sehe, wie Trixi hastig auf ihrem Handy tippt.

»Was machst du da?«, frage ich sie.

»Mir aufschreiben, was Jesus gerade gesagt hat!«

»Oh verdammt! Wir hätten damit früher anfangen sollen!«

Trixi nickt. Na ja, nu is zu spät. Jetzt müssen wir einfach hoffen, dass uns genug Geschichten für das neue Evangelium einfallen.

»Lass mal heute Abend schon ein bisschen sammeln, was wir mit Jesus so alles erlebt haben«, fordert mich Trixi auf.

»Oh Gott, ich weiß gar nicht, wo ich da anfangen soll!«

»Völlig egal, fang einfach irgendwo an. Sortieren können wir das dann später.«

Ich überlege. Dann muss ich schmunzeln.

»Woran denkst du?«, fragt mich Trixi.

»An einen ganz bestimmten Morgen relativ zu Beginn unserer WG-Zeit. Da hat mich deine wunderschöne Stimme viel zu früh am Morgen geweckt.«

»Haha, okay …«, sagt Trixi. »Kannst du mir einen Satz oder ein Stichwort nennen, das ich abspeichern soll?«

»Oh ja. Das kann ich!«

Ich versuche Trixis verärgerte Stimme nachzumachen und rufe laut durchs Pastorat.

»Jesus! Die Milch ist schon wieder alle!«

Nachwort – Darf er das?

Tja, darf er das? So über Jesus schreiben? Die Frage habe ich mir immer wieder gestellt. Und wie du dir sicherlich denken kannst, mit »Ja!« beantwortet.

Nur zur Sicherheit sage ich es dann aber auch noch einmal in aller Deutlichkeit: Nein, ich habe das nicht alles so erlebt. Aber sehr viele der Geschichten, die ich in diesem Buch erzählt habe, beruhen auf wahren Begebenheiten. Ich habe echte Situationen aus meinem Leben als Vorlage genutzt – und mir dann überlegt, wie es vielleicht ausgesehen hätte, wenn Jesus und Martin Luther dabei gewesen wären.

Warum ich das gemacht habe? Weil ich mir erhoffe, dass es ein leichter und entspannter Einstieg in das riesige Thema des christlichen Glaubens sein kann. Und so habe ich mich an einer Mischung aus Theologie und Humor versucht.

Und ja: In diesem Buch steckt meine Theologie. Also mein Reden von Gott. Und ja: Ich lege Jesus und Martin ungefragt meine Theologie in den Mund. Das kann man – durchaus zu Recht – problematisch finden. Was ich aber versichern kann: Ich habe wohl noch nie so viel in der Bibel gelesen wie in der Vorbereitung dieses Buches. Sie lag wortwörtlich häufig neben meinem Laptop und ich habe versucht, für alles, was ich Jesus in diesem Buch sagen lasse, eine biblische Begründung quasi in der Hinterhand zu haben. Denn nein, natürlich soll das hier nicht wirklich ein neues Evangelium sein. Ich finde die bestehende Bibel schwer in Ordnung, keine Sorge.

Wenn dir gefallen hat, was du hier gelesen hast, dann freue ich mich, wenn du dein Gefallen teilst. Sei es als Rezension auf Amazon und Co (ja, auch wenn Martin das mit Amazon vermutlich nicht gutheißen würde ;-)) oder bei Freunden und Bekannten. Sei es als Geschenk zu Weihnachten oder für die nächste Betriebsfeier.

Ich freue mich auch immer über direkte Rückmeldungen. Du findest mich auf Twitter, Facebook, Instagram – auf meinem Blog, auf Spotify, iTunes … oder schreib einfach eine Mail an mich (schreibjonas@gmail.com).

Wenn dir dieses Buch nicht gefallen hat und du dich einmal auskotzen möchtest: Du darfst dich auch gerne mit Kritik bei mir melden – aber erwarte nur dann eine Antwort, wenn du mir auch angemessen respektvoll schreibst.

Ach so, und wenn du in der Nähe von Hamburg bist: Komm gerne auch mal zum Gottesdienst vorbei! Ich bin fast jeden Sonntag da und manchmal gibt es sogar Predigten aus unserer WG mit Martin und Jesus! Die Predigt-Serie »Eine vorhimmlische WG« war nämlich die Vorlage für dieses Buch. Kleiner Werbehinweis: Die bisherigen Folgen und noch einiges Spannende mehr findest du auch auf meinem Blog juhopma.de oder auf unserer Gemeindewebseite kap-kirche.de.

So, und eins kann, darf und will ich dann aber auch auf keinen Fall vergessen: mich zu bedanken.

Ein großer Dank geht an das wunderbare Herder-Team. Ich fühle mich sehr wohl bei euch! Bei Simon und Johanna für all das gemeinsame Brainstormen, weiterdenken – und überhaupt »an mir dranbleiben«. Denn zwischen unserem ersten Kontakt und diesem Buch habe ich ziemlich viel Zeit (und auch so manche Idee) ins Land gehen lassen.

Ein großer Dank für dein großartiges Lektorat geht gleich noch mal an Johanna! Ehrlich gesagt wusste ich ja gar nicht, was mich bei so einem Lektorat erwartet – und was soll ich sagen? Hammer! Hättest du ggf. Zeit und Lust, ab sofort auch alle meine Predigten zu lektorieren?

Ein großer Dank geht auch an all die Menschen, die im Vorweg zwei Kapitel getestet und mir sehr ehrliches und hilfreiches Feedback gegeben haben.

Aber mein größter Dank geht an Trixi. Nicht nur für dein Korrekturlesen und Mitarbeiten zu jedem Zeitpunkt. Ganz ehrlich: Ohne dich hätte es dieses Buch nie gegeben. Viele Ideen hast du gehabt und die besten davon sind übrigens meistens beim Einschlafen entstanden. Ich war eigentlich schon mit den Drei ??? auf dem Weg ins Schlummerland und plötzlich schreckst du auf, weil dir eine gute Idee für unsere WG mit Jesus kam. Danke auch für deine Geduld mit mir. Für das Aushalten, dass ich so häufig nach einem vollen Arbeitstag den Abend und die Nacht am Laptop und nicht mit dir verbracht habe.

Und natürlich gilt auch dir als diese Zeilen gerade Lesende*r ein großer Dank. Danke für deine Zeit. Ich freue mich, dass wir ein kleines Stück durch und in diesem Buch gemeinsam unterwegs waren.

Ich hoffe sehr, dass die Lektüre dieses Buches dich dazu animiert hat, dich mal wieder oder ganz neu oder anders als vorher mit dem Gott der Bibel auseinanderzusetzen. Ja, es ist nicht immer einfach. Ich werde echt vieles an Gott vermutlich nie verstehen. Und ja, vieles wäre vermutlich einfacher, wenn der gute Jesus hier einfach mal wieder zu uns runter käme. Vielleicht liest er ja diese Zeilen und überlegt es sich mal :)

Aber von einer Sache bin ich auch ohne Jesus als Mitbewohner bei uns im Pastorat überzeugt: Es lohnt sich, sich mit dieser Jesus-Sache auseinanderzusetzen.

So, aber jetzt muss ich einkaufen gehen. Denn – und das ist echt nicht ausgedacht – wir haben gerade keine Milch mehr im Kühlschrank …

Euer Jonas

Inhalt

Der Einzug 7

@theRealJesus 20

Diskriminatoren 33

Meterbier 43

Adam sucht Eva 54

Körperteil Blues 66

Die Gretafrage 75

Elchtest 88

Sinnfluenza 102

Energy 117

Heiligabend 128

Wolkenfall 141

Nachwort – Darf er das? 152

Der Autor 159

Der Autor

© Picture People

Jonas Goebel, geb. 1989, ist Pastor der Ev.-Luth. Auferstehungs-kirchengemeinde Lohbrügge in Hamburg. Deutschlandweit be-kannt machten ihn Auftritte auf Preacherslams, eine Predigt-thema-Versteigerung auf Ebay und sein Blog juhopma.de. Dort beschäftigt er sich unter anderem mit der Digitalisierung von Gemeinden und der »Netflixisierung« von Kirche.